A Lua e o Girassol

A Lua e o Girassol

Um dia mães em luto, outro dia mães em luz

Carla Scheidt Lund
Claudia Petlik Fischer
Gabriela L. C. S. Oliveira
Maria Cecilia C. Nigro Capuano
Mariana Azeredo Laurini Yoshida
Marilia Rocha Furquim
Marlise de Andrade Corsato

pelas palavras de
Marina Miranda Fiuza

Aos nossos filhos…

Aos nossos leitores...

Nós sentimos muito.

Se você está abrindo este livro é porque, provavelmente, perdeu um filho. Dizemos isso porque dificilmente uma pessoa se disponibilizaria a ler páginas sobre os desafios diante da morte de um filho como mera leitura de distração. As livrarias estão repletas de livros que nos propõem as mais diferentes experiências, nos inserindo em tempos e geografias a que jamais teríamos acesso se não fosse pela via da literatura. Histórias de amor, de guerra, de superação, de encontros, de desencontros, de riqueza, de pobreza, de alegria, de sofrimento, de vida, de morte... a todas essas histórias nós nos entregamos sem medo, pois contamos com a segurança de que tudo não passa de ficção. Mas, ficção ou não, preferimos evitar aquelas que tratam da morte de um filho.

Embora a morte seja evento inevitável para todos nós, que nascemos, a negação da possibilidade do luto materno é coincidente com a própria maternidade. Já na gravidez os reflexos da mulher são alterados: diante de uma ameaça qualquer, como um barulho muito alto ou uma simples pisada em falso, é a barriga que o impulso feminino escolhe proteger. Levar as mãos ao ventre como um escudo é o que o nosso corpo nos dita, em sinapses anteriores àquilo que nós chamaremos, depois, de "amor materno".

Mais tarde, o filho exteriorizado pelo nascimento passa a ser o alvo dos nossos cuidados. Se, dentro de um carro, uma freada brusca se faz necessária, não é o próprio rosto que a mulher busca proteger, mas o corpo ao lado, pedaços daquela existência estendida de nós mesmas e que chamamos de *filhos*. São reflexos apurados da mãe-sentinela, que, uma vez tocada pela maternidade, jamais abandona seu posto.

Cada vez que o perigo em suas variadas formas vem assombrar o pensamento de uma mãe, ela sacode a cabeça, expulsando as ameaças como quem abana uma fumaça tóxica que paira no ar. Sofrimento de filho a gente não admite nem em pensamento, e quando a ideia, por um deslize da nossa vigília, consegue entrar na nossa mente, logo retomamos a postura paradoxal de quem deve proteger uma vida sem nunca admitir a existência daquilo de que a estamos defendendo.

Se nem em ideia aceitamos a ameaça à vida de um filho, que dirá quando essa ameaça se reveste de palavra. *Bate na boca! Bate na madeira! Não fale uma coisa dessas que atrai!*, – mesmo as nada supersticiosas dizem diante do perigo verbalizado. A palavra parece ser meio caminho andado para a concretização dos fatos e mesmo quando os fatos já são concretos, quando a vida já se extinguiu definitivamente, às vezes levam-se meses ou anos para que uma mãe possa dizer alto e bom som: o meu filho morreu.

Embora a morte seja evento inevitável para todos nós, que nascemos, a negação da possibilidade do luto materno é também coerente com a nossa cultura. Ainda que as tecnologias tenham entrado dentro da casa e da intimidade das pessoas, a divulgação da vulnerabilidade do ser humano não foi admitida nas mídias sociais. Muito pelo contrário, tudo o que chega aos nossos olhos são vidas permanentemente felizes, em cabelos permanentemente escovados, com rotinas permanentemente festivas. Baseados nessas narrativas ilusórias, cravamos parâmetros irreais para uma vida impecavelmente alegre. Quem sofre não encontra lugar num mundo onde só a felicidade tem espaço.

A palavra "morte" não é aceita no nosso léxico cotidiano. Quando os linguistas corrigiram a expressão "perigo de vida" para "perigo de morte", tudo parece ter se tornado mais gravemente perigoso. Nem nas expressões mais banais como *"é lindo de morrer!"* a gente permite a morte entrar, dando preferência para *"é lindo de viver!"*. Mesmo quando é da morte ela mesma, em seu sentido denotativo, de que se trata, desviamos da palavra fatal: *ele se foi, partiu, fez a viagem, virou estrelinha*. A pronunciação da palavra "morreu", ainda mais assim, no tempo passado, é definitiva demais. "Morreu" não admite nenhuma palavra subsequente, quase dispensa o ponto-final, tamanha é a noção de encerramento que ela emite. E a existência de um filho nunca se encerra...

Por tudo isso, acreditamos que se este livro chegou até você e se você continua a lê-lo até aqui é porque você, assim como nós, perdeu um filho.

Nós sentimos muito por isso.

Se você não é mãe...

Se você não é mãe, não significa que este livro não sirva para você. A dor da perda definitiva não é um (des)privilégio das mães. Pais, irmãos, avós, tios, cônjuges, amigos não são menos merecedores do apoio que pretendemos oferecer. O tom feminino dessa narrativa é unicamente porque partimos de nossas próprias experiências. Conhecemos senão a nossa própria dor, e, se temos alguma autoridade para falar do assunto, é a partir do ponto de vista da mãe que somos. Não buscamos contemplar diferentes tipos de lutos, decorrentes de outras relações afetivas, porque não pretendemos escrever um livro com o rigor de um trabalho científico. Nossa metodologia é falha, porque é apaixonada. Nossa bibliografia é limitada, porque consulta apenas a biblioteca do corpo: a flor da pele, as profundezas da alma. Nossos objetivos são instáveis, nossas hipóteses não são comprovadas.

Se você não perdeu um filho...

Se você não perdeu um filho, talvez aqui esteja um valioso exercício de empatia, palavra tão usada atualmente. Colocar-se no lugar do outro, permitir-se ser tocado pela dor alheia é exercício de humanização.

Um certo estrangeiro de onde precisam regressar

Por Valter Hugo Mãe

As mães e os pais dos mortos começam por viver num país só deles e quando chegam a coincidir connosco, em cidades tão reais quanto São Paulo ou Porto, Erechim ou Vila do Conde, são como emigrantes. Viverão sempre como certos emigrantes chegados de uma outra cultura, com dificuldades de traduzir na nossa Língua o que sentem e o que querem dizer, por mais simples que seja. São um pouco como aquelas pessoas que já emigraram mais velhas e ficam para a vida inteira a trocar os verbos, os plurais e os géneros, até de jeito divertido mesmo quando falam de assuntos graves sem humor. Dizem: amo meu marida. Ou: crianças de enfeitar. Porque julgam que enfeitar é também dar paz ao coração.

As mães e os pais dos mortos são muito sem sentido. Nem sempre sabemos onde têm a cabeça ou os pés porque tanto daquilo que os ordena é agora de outra natureza. Ficámos diante dessas pessoas pasmando, porque elas contêm uma ciência que nenhuma biblioteca vai conter, simplesmente porque não há como explicar o absurdo, ele é uma experiência indizível que os livros imitarão sem sucesso algum.

Começam por ser também pessoas absurdas e levam tempo a caber nos nossos países chamados Brasil ou Portugal. Nós podemos abeirar-nos e esperar, mas é ingénuo pensar que sabemos o que estamos a ver e o que significam suas palavras e gestos. Penso agora que as mães e os pais dos mortos não vêm de um mesmo país. Julgo que cada um começa por vir de um país só seu, onde talvez só pudessem partilhar cidadania com o filho que partiu. Por isso, são emigrantes que carregam uma cultura que pressente a cultura de seus semelhantes, mas não se torna absolutamente igual. Penam individualmente por seu sofrimento, por maior que seja a razão, por mais que lhes queiramos pedir, à morte de um filho todas as mães e pais começam por ficar irremediavelmente sós e demoram até poderem ser minimamente acompanhados.

Esse é o superior ofício que nos compete. Sobretudo a nós, aqueles que não se viram empurrados para fora de São Paulo ou do Porto, Erechim ou Vila do Conde. Compete-nos aguardar até que sirvamos de companhia. Atentos, empenhados, procurando descodificar a Língua estrangeira com que falam, o abraço que transcende fronteiras, que rompe a clausura, até que nos façamos testemunhas, jamais do absurdo, porque não nos podemos medir, mas testemunhas de quem foi ao inferno e voltou. Porque a memória de um filho é agora a vida de um filho. Cidadão na memória, o filho tem seu movimento em cada pessoa que o lembra. E estará seu nome em cada dia para que a boca encha e nunca se convença de que em redor está vazio. O filho que morreu não equivale ao nada. Muito ao contrário. Ele é quase uma demasia. Um verdadeiro gigante que, à força do amor, jamais cessará de crescer e poderá ocupar tudo. O filho, com seu amor sempre eterno, saberá impedir o inferno e instalar a saudade orgulhosa de ter havido essa família, de ter havido essa coisa cúmplice que apenas mães e pais sentem por um filho. Essa cumplicidade, na verdade, não morre. O pacto não se pode desfazer com o pior dos fogos, a lâmina mais cortante, o tempo mais longo.

A minha homenagem às mães e aos pais que perderam filhos tem de ser ingénua, como dizia acima. Sou só português, falo apenas esta Língua simples que fica aquém do absurdo. Mas a minha homenagem radica na convicção de que nos humanizamos por ouvirmos o outro, por mais estrangeiro, e mesmo que jamais possamos estar seguros de o haver entendido. É imperioso que o outro saiba que viveremos até ao fim procurando modo de genuinamente o integrar no nosso vasto afecto, esse lugar límpido da companhia. O sentido da vida.

Vanessa
28/12/1979 – 30/12/1979

Júnior
1º/01/1981 – 12/12/1981

Caio
26/03/1983 – 12/04/2008

Felipe
21/06/2011 – 28/12/2011

Nicholas
07/01/1994 – 22/04/2012

Anna Laura
12/06/2008 – 30/05/2012

Caio
20/07/2009 – 12/08/2012

Sofia
12/05/2007 – 02/08/2013

O porquê deste livro

Caio era filho único. Quando nasceu, Marlise não sentia como se ele tivesse *entrado* em sua vida, mas *se tornado* sua vida inteira.

Quando Caio morreu vítima de um assalto, aos vinte e cinco anos, Marlise se sentiu como num filme de ficção científica, em que ela era a única sobrevivente em meio aos escombros de um planeta destruído. De certo modo, seu universo foi embora junto com seu filho, da mesma forma súbita com que havia surgido na ocasião do seu nascimento.

O sentimento de Marlise foi compartilhado por todas as outras seis mães em luto. Ainda que recebessem apoio da família e dos amigos, há uma espécie de existência interior que ninguém alcança, em que estamos abandonados a nós mesmos e na qual a dor do luto encontra morada. E se no início a companhia do luto é intolerável – com o tempo torna-se possível se aconchegar junto a ele, acredite –, resta à mãe que perdeu o filho lidar com a total sensação de desamparo.

Antes de se encontrarem, algumas dessas sete mulheres buscaram apoio na literatura: encomendaram livros de todos os cantos do mundo e mergulharam no assunto com a esperança de encontrar alguma "luz no fim do túnel", como a sabedoria popular gosta de dizer. Perceberam, porém, que a grande maioria dos livros tinha um viés religioso ou discurso motivacional que exigiam tanto uma fé como uma resiliência que elas desconheciam naquele momento de suas vidas.

Elas não queriam desvendar os mistérios da vida e da morte, queriam saber o que fazer com o brinquedo do filho ainda jogado no chão do quarto. Queriam saber como engolir a comida diante da cadeira vazia na mesa de almoço. Queriam a certeza de que o corpo do filho já enterrado não estava sentindo frio e que elas pudessem controlar o ímpeto insano de ir vestir-lhes as meias. Queriam, sobretudo, poder ter essas dúvidas sem serem vistas como santas – nem como loucas.

A solidão do luto é necessária, de certa maneira. Ninguém pode viver o luto por você, ninguém pode criar essas sinapses na apreensão de uma nova realidade. Não há manual de sobrevivência, e ainda que fosse possível elaborá-lo, de nada adiantaria lê-lo, pois muito do que será dito nas próximas páginas só fará sentido depois do caminho percorrido. E embora não seja possível carregar uma mãe sob as trilhas tortuosas do luto, talvez seja possível acompanhá-la de mãos dadas.

É isso que este livro se propõe: dar as mãos a outras mães que se encontram no início da caminhada da vida sem o filho. Não há promessas de cura, nem receitas de sobrevivência. Há apenas a partilha genuína e generosa da experiência dessas sete mulheres que permitiram abrir seus mundos interiores na tentativa de se comunicar com outras mães que se veem desamparadas. Embora cada uma tenha vivido a morte do filho de uma maneira, o sofrimento as equipara naquilo que há de mais essencial na condição humana: sua finitude. E se neste momento em que você lê estas palavras a sensação de finitude parece ser dominante, saiba que a infinitude do amor ainda poderá assumir o protagonismo da sua vida e iluminar essa caminhada, ainda tão escura.

Um dia mães em luto, outro dia mães em luz.

Modos de ler

Este livro foi escrito a partir da narrativa de sete mulheres. Ao contrário da maioria das amizades que nasce de encontros ocasionais, da frequência em ambientes comuns, de paixões compartilhadas e interesses mútuos, o que as aproximou foi a experiência da morte de seus filhos.

As circunstâncias das mortes são diferentes, assim como são distintas as maneiras como cada uma encontrou para continuar não apenas sobrevivendo, mas vivendo da melhor maneira possível. Essas histórias por vezes se aproximam e por muitas outras se afastam, mas ao se entrelaçarem formam trama única, tessitura de humanidade. A morte humaniza; nos abismos da dor somos mais parecidos uns com os outros.

O leitor vai conhecer um pouco da trajetória de Carla, Claudia, Cecilia, Gabriela, Mariana, Marilia e Marlise, embora este não seja um livro biográfico. Em muitos momentos essas sete vozes se confundirão em evocações uníssonas, os nomes próprios se desfazem diante dos sentimentos comuns.

Os parágrafos são curtos, porque na ocasião da morte o fôlego falta. A atenção, também comprometida, pede por frases breves. A alma cansada prefere sussurros suaves.

O livro foi dividido em capítulos com subtítulos para que você possa acessar aquilo de que necessita com facilidade. Entre amigos não há necessidade de rodeios, pode-se ir direto ao ponto.

Leia da maneira que lhe convier: aos poucos, de uma vez, de trás para a frente. Não há necessidade de combater a desordem interior que impera neste momento. Permita-se sentir o que for necessário, incoerente ou paradoxal.

Conte com as páginas que se seguem como um ombro amigo, como uma conversa sincera, sem julgamentos e sempre disponível. Se elas não lhe trouxerem conforto, que sejam pelo menos companhia.

Você não está sozinho.

Lua

Conhecendo as histórias

Carla
em quatro parágrafos

Enquanto o marido tentava incansavelmente ressuscitar o corpo do filho, à Carla restava massagear os lóbulos de suas orelhas ainda quentes, como sempre fizera, atendendo às demandas de carinho de Nicholas. Quando a equipe de primeiros socorros finalmente chegou e assumiu os procedimentos, Carla se distanciou. Do canto da sala observava o filho, no auge dos seus dezoito anos de idade, assumir um aspecto qualquer diferente do que ela conhecia. Nicholas era cada vez menos Nicholas, ali, deitado no corredor da sala.

A casa, que um dia antes havia recebido amigos e familiares para celebrar o aniversário de Carla, agora acolhia o evento fúnebre da morte do seu filho. Voltando de um programa de família, Carla, o marido e as duas filhas encontraram Nicholas no chão, vítima de um engasgamento seguido de parada respiratória e falência cardíaca. Um acidente tão estúpido quanto a própria ideia da morte.

Mais pelo costume do que pela negação da morte, Carla escolheu uma roupa para aquecer o corpo do filho, um metro e noventa que abrigavam uma alma também grandiosa. Quando avistou sua melhor amiga chegando com os filhos, companheiras nas maternidades, Carla se deu conta de que seu esforço era em vão. Depois de quase duas décadas de dedicação àquele seu menino, seus cuidados não eram mais necessários – a primeira de muitas outras *fichas* que iriam cair durante o luto que ali se iniciava.

Semanas depois era necessário levar o atestado de óbito para receber o laudo da autópsia. O simples fato de pôr-se de pé, vestir-se e sair de casa era algo que ela julgava além de sua capacidade, mas que ela encarou – mães sempre fazem o que deve ser feito pelos seus filhos, independentemente das circunstâncias. Chegando lá, a demora do atendimento, a frieza da entrega dos papéis, como se dentro daquele envelope estivesse o desfecho de qualquer outra coisa que não o da vida de um ser humano. Não a vida daquele que foi o maior bebê da maternidade. Não daquele que, aos seis anos, pedia para a mãe segurar seus dedinhos para que ele não os chupasse mais. Não daquele que causava ciúme nas irmãs porque precisava da ajuda da mãe nas tarefas escolares. Não daquele que trazia seus mundos imaginários por meio da ponta do lápis para o papel. Não daquele que estava apaixonado pela namorada. Não daquele que, na última manhã da sua vida, encheu a casa com seu assovio alegre.

Claudia
em quatro parágrafos

E se ela não tivesse permitido Anna tirar o cinto até o carro estar estacionado? E se a garagem fosse alguns centímetros mais alta? E se o carro fosse alguns centímetros mais baixo? E se o farol estivesse vermelho no caminho de casa? E se a reunião não tivesse acabado mais cedo e o caseiro tivesse buscado Anna na escola, como combinado? E se ela nunca tivesse se mudado para aquela casa? E se ela não tivesse escolhido o nome da mãe, morta tanto prematura como tragicamente, para dar à filha? E se ela não tivesse insistido na gravidez? E se Anna jamais tivesse nascido?

A vida de Anna Laura se extinguiu assim, como uma bolha de sabão que estoura diante dos olhos e é preciso piscar algumas vezes para entender se ela ainda está ali ou não, para captar se é seu brilho ou a memória do instante anterior que persistem sob a retina. Um segundo antes, a vibração de uma criança celebrando com entusiasmo a rotina de sempre, a chegada em casa para o almoço. *Quem está com fome?*, Claudia pergunta. E Anna responde: *Eeeeeu!* Um segundo depois, o corpo desfalecido ao lado da mãe, o sangue brotando como uma bandeira tremulante que anuncia a gravidade da situação.

Quase quatro anos antes, Claudia, que havia crescido entre os irmãos e com o pai viúvo, foi impactada pelo universo materno-feminino que Anna trouxe com seu nascimento. Sentiu-se como se precisasse de uma pós-graduação em maternidade para poder cuidar da filha, e assim deixou o trabalho para assumir com veemência essa nova e importante função: cuidar do ser humano mais especial do mundo. Leu tudo o que encontrou, buscou a alimentação mais saudável, comprou a cadeirinha mais segura, mudou-se para a casa mais ampla, matriculou-a na escola mais estimulante. A insegurança diante do novo era preenchida, dia a dia, com a dedicação de quem passou a ter Anna como centro do seu universo.

E eis que a Morte chegou assim, num dia tranquilo, num momento caseiro, numa rotina banal, num dia de sol. Chegou nas pontas dos pés, armou uma emboscada, aproveitou o espaço de um piscar de olhos para levar Anna e desconfigurar o mundo que orbitava ao seu redor. Sorrateira e imoral, deixou no colo de Claudia o corpo da filha e a culpa eterna por ter falhado na ilusória e frustrante missão de proteger a vida de um filho.

Gabriela
em quatro parágrafos

Quando Sofia, três anos, reclamou de dores na barriga, a medicação materna logo providenciou um *antigases*. Quando as dores persistiram e Sofia foi levada ao pronto-socorro, era só uma questão de cautela excessiva. Quando o exame de imagem acusou uma massa no abdome, acreditou-se que poderia ser um caso de "pedras nos rins", tão comum na família. Quando foi transferida para São Paulo, os exames específicos confirmaram a presença de um tumor. Quando a equipe oncológica explicou as categorias do *tumor de Wilms*, as estatísticas apontavam 98% de um caso favorável contra incrédulas 2% de chance de um caso não favorável. Quando o *tumor de Wilms* de Sofia foi confirmado como sendo o mais violento da categoria, Gabriela já não conseguia mais vislumbrar esperanças nas quais pudesse se agarrar.

A primeira conversa com o chefe da equipe foi nebulosa. Literalmente, Gabriela mal conseguia enxergar o médico do outro lado da mesa, as lentes embaçadas das lágrimas que não cessavam de brotar. Os termos técnicos também apareciam e desapareciam como nuvens. A ideia do câncer se revelava como um fantasma, repleto de estigmas. A primeira pergunta que ela conseguiu pronunciar foi se Sofia, tão vaidosa, perderia o cabelo. Mal sabia ela que a concretude do tratamento do câncer preencheria todas as horas dos quase três anos de tratamento que se seguiram a partir dali. Gabriela não poderia prever que aquele rosto turvo diante de si se tornaria excessivamente familiar, a ponto de permitir que lhe fosse lido nas rugas do rosto se as notícias que trazia eram boas ou ruins. Ela não imaginava, naquele momento, que a perda dos cabelos de Sofia se tornaria um detalhe ínfimo na imensidão de perdas que estavam prestes a enfrentar.

Foram dois anos e meio de cirurgias, transplantes, radio e quimioterapias. Dois anos e meio dividindo a cama do hospital com Sofia em noites claras e interrompidas pelos procedimentos protocolares. Dois anos e meio de amizades construídas e despedidas definitivas no corredor do hospital. Dois anos e meio focando o que era preciso fazer para não se afogar no mar das impossibilidades de ação. Até que, enfim, a alta hospitalar chegou. Sofia estava livre do tumor, sadia para retornar à vida a que sempre teve direito.

Ao contrário daquelas primeiras dores de barriga anos antes, quando Sofia reclamou de uma leve dor no ombro no meio de uma apresentação escolar, Gabriela já sabia que o pior estava por vir. Não que ela tivesse se tornado uma pessoa pessimista, mas a experiência de um tratamento altamente agressivo colocava todas as possibilidades em perspectiva. A morte, visita tanto inconveniente como insistente, havia sido rechaçada em todas as tentativas de aproximação anteriores por aquela mãe vigilante. Finalmente, a morte era admitida. Entrou no quarto de hospital e sentou-se diante do leito de Sofia.

Cecilia
em quatro parágrafos

Quando o médico entrou no quarto para dizer que Vanessa não havia resistido, Cecilia fechou os olhos e fingiu que dormia. A voz do médico, que explicava as complicações respiratórias que Vanessa havia enfrentado nos seus breves três dias de vida, ficava cada vez mais longe, assim como o choro da sua irmã, que a acompanhava no momento da notícia. Os sons do quarto iam se dissipando à medida que Cecilia entrava em seu mundo interior e desfalecia silenciosamente sob as emoções que ela ainda era incapaz de reconhecer ou nomear.

Pouco mais de um ano antes, Cecilia havia sofrido um aborto espontâneo no terceiro mês de gestação. *A natureza sabe o que faz*, as pessoas diziam sem se darem conta de que não era apenas um feto que deixava de habitar um útero. O processo de curetagem também compreendia a raspagem dolorosa de todos os sonhos e planos que passaram a fazer parte do mundo de Cecilia no momento em que ela havia visto o resultado positivo no teste de gravidez: o nome, o signo, a disposição dos móveis no quarto, a cor das paredes, as roupinhas nas vitrines das lojas, a reorganização da vida profissional, os traços da personalidade, as características físicas...

Diante da notícia fatal que o médico trazia naquela noite de dezembro de 1979, Cecilia fechava os olhos para acessar esse universo de possibilidades onde só ela era capaz de vislumbrar toda a vida pretendida para Vanessa. De olhos abertos e pela visão das pessoas ao redor, tratava-se apenas de "um bebê que não vingou". De olhos fechados e pela visão do coração, tratava-se da filha que havia assumido o protagonismo de sua própria vida durante os nove meses de gestação e assim seria até o fim dos tempos. Do lado de fora, a notícia fatal do médico, os soluços empáticos da família. Do lado de dentro, o vazio do útero, o vazio da alma, a solidão do luto.

Quando, na terceira gravidez, o médico trouxe notícias de que havia um problema com o Júnior, Cecilia não fechou os olhos. Ela queria vê-lo, ela precisava tocá-lo e apalpar aquilo que já havia se tornado uma grande somatória de expectativas. Ainda anestesiada da cesárea de um útero duplamente calejado por vidas que não transcenderam para uma existência além das suas paredes, Cecilia sentiu grande alívio quando o médico lhe respondeu que Júnior não tinha todos os dedinhos nas mãos. O que eram alguns dedos para quem teve que lidar com duas altas hospitalares de braços vazios afinal? Seu filho estava vivo e nada mais importava. Durante os onze meses da vida de Júnior, Cecilia viveu a concretização absoluta do amor que já não cabia dentro de si, até o desfecho doloroso de sua morte. De olhos bem abertos.

Mariana
em quatro parágrafos

Mariana sabia, desde muito cedo, da sorte que tinha. Era grata pela família amorosa, pelos pais exemplares, pelos amigos numerosos, pela escolha profissional acertada, pelas oportunidades reconhecidas, pelo marido companheiro e eterno namorado. Caio nasceu coroando uma vida de privilégios: bebê saudável e incrivelmente loiro que arrancava suspiros já na maternidade. Quando abriu o envelope com os resultados do exame que revelavam uma síndrome genético-neurológica rara e irreversível em seu filho, Mariana sentiu o fluxo bonançoso da sua vida se represar, freando a inércia dos bons acontecimentos.

O diagnóstico decisivo daquilo que não passava de uma preocupação de mãe zelosa atingiu Mariana com impacto sem precedentes. A Síndrome de Angelman não apenas tirava a perspectiva da fala e locomoção de Caio, como também minava todos os planos e desejos que ela, até então, tinha a certeza de que se concretizariam. Deitados na cama em volta do menino, a família reunida chorava pelo encerramento de suas certezas. As crises de choro se alternavam aos sorrisos ternos em resposta ao semblante feliz e ignorante de Caio. Ingenuamente, ou talvez com a sabedoria que faltava a todos, ele sorria como quem diz *está tudo bem, eu estou aqui*. Começava ali uma nova forma de amar.

E assim Mariana partiu para a batalha de um cotidiano repleto de desafios e limitações, mas também rico em aprendizado e exuberante em amor. Algum tempo depois era quase possível dizer que sim, tudo voltava a fluir no curso de vida daquela família. Todos os planos que ela havia cultivado durante a gravidez e o primeiro ano de vida de Caio tinham sido reconfigurados para uma realidade diferente, mas não menos maravilhosa. Era possível, afinal, continuar alcançando os cenários mais deslumbrantes, ainda que os caminhos fossem tortuosos e desafiadores.

Caio já era irmão mais velho, tinha a turma da escolinha e uma casa adaptada para ele poder ser em sua plenitude. Depois de uma festa, da adrenalina na tirolesa, das muitas risadas que eram sua marca registrada, veio a tosse, o despertar pálido, a corrida para o hospital, os pulmões tomados por uma pneumonia fatal. Se Caio, nos seus três anos de vida, havia ensinado outras linguagens que não a fala verbal para a comunicação, agora deixava o desafio de ser visto não mais pelos olhos, mas pelo coração.

Marilia
em quatro parágrafos

No caminho de volta para São Paulo em direção ao velório do filho, era inacreditável pensar que na manhã daquele mesmo dia ela havia passado por ali rumo ao litoral, com os filhos dentro do carro, as roupas de banho na mala prontas para imergirem em água salgada, os vestidos brancos a serem estreados no réveillon em família. Marilia relembrou a sequência dos fatos que se sucederam entre aqueles dois pontos – a ida e a volta pela mesma estrada –, tentando encontrar uma coerência em toda aquela loucura, mas tudo soava inacreditável e era inadmissível.

Quando a babá comunicou que Felipe estava estranho no berço, Marilia logo soube que algo muito grave havia acontecido. Durante a descontração da família recém-unida, ela foi importunada pela breve sensação de que Felipe estava dormindo um pouco mais do que de costume. Ao ouvir o chamado da babá, tal sensação assumiu formas monstruosas e confirmatórias de seu sexto sentido materno. Sua experiência como fisioterapeuta respiratória em UTI durante tantos anos fez com que ela agisse rápido e protocolarmente ao chegar diante do berço: checagem de pupilas, boca a boca, ressuscitação cardiopulmonar. Apesar de seus esforços, a morte ia chegando aos poucos, descolorindo seu filho de apenas seis meses de vida diante dos seus olhos.

No posto médico do condomínio, Marilia via através da porta de vidro os equipamentos de ressuscitação de que precisava. Os técnicos do posto tinham saído com a ambulância para socorrer Felipe em casa, Marilia tinha ido em busca do socorro que não permitia espera. Enquanto ela tentava quebrar a porta ou atravessá-la de alguma maneira que a razão desconhece, seu pai desfalecia de joelhos no chão com Felipe no colo, imagem derradeira que fez Marilia enfim perceber que os sinais eram incontestáveis: a morte estava ali e não iria embora sem levar Felipe consigo.

A sequência de fatos daquele instante em diante era um filme de mau gosto cujo protagonismo ela ainda era incapaz de reconhecer como sendo seu. As imagens passavam pela sua cabeça em pequenos flashes dilacerantes: maca fria, o último e longo abraço, os gritos da família, o atestado de óbito, a filha mais velha esperando na escada da casa, o marido chegando de helicóptero, a culpa irracional, as coordenadas do velório para onde ela se dirigia agora. Não eram só os braços que estavam vazios, toda a sua existência era desfigurada por um enorme vazio. Marilia estava oca.

Marlise
em quatro parágrafos

Quando acordou naquela manhã de sábado com o telefonema da Polícia Rodoviária, Marlise sabia que a notícia que estava prestes a receber seria terrível. Diferentemente de quando ligavam da escola em período de aula e ela era capaz de imaginar dezenas de ocorrências em uma fração de segundos, agora havia um tom de fatalidade que a impossibilitava de qualquer fantasia. Por um instante todo o ar foi subtraído dos seus pulmões, ao mesmo tempo que seu corpo parecia se esvaziar da própria alma. Recomposta, Marlise se levantou e escolheu os sapatos mais confortáveis para calçar porque sabia que o dia que se estendia à sua frente exigiria dela os passos mais difíceis de sua vida.

Quando Caio deixava de dar notícias ou de atender a um telefonema da mãe, ela reclamava: "Filho! Não faça isso comigo! Não quero ter que ir te reconhecer num IML". Entre risadas cúmplices, tal fala não tinha pretensão premonitória, era só drama de mãe zelosa. E assim ela repetiu por tantas vezes, diante da liberdade juvenil do filho, até aquele momento em que ela foi chamada a se apresentar, de fato, no Instituto Médico Legal.

Caio era apaixonado pelo mar, preocupava-se com a preservação das baleias, integrava sua vivacidade à natureza de cima de sua prancha de surf. Na noite anterior ele partiu rumo ao mar. Ele e a namorada desceram as escadas da casa entre risadas, sons que Marlise ouviu do quarto e que ressoam em seus ouvidos até hoje como o último testemunho daquela vida preciosa que por vinte e cinco anos foi também sua própria vida. Caio e a namorada não chegaram ao litoral, viagem interrompida por um assalto e por tiros fatais.

Agora ela estava ali, vivendo a cena prenunciada por ela mesma tantas vezes. Dessa vez a fantasia materna deu lugar à realidade bruta que, de golpe único e súbito, derrubou Marlise de joelhos no chão. O corpo do filho diante de seus olhos era de uma realidade tão absurda que mais parecia cena de ficção. Sob o peso da morte, desprendeu um esforço descomunal para se colocar de pé novamente e tomar as decisões necessárias para conseguir, enfim, acompanhar o filho até seu destino final. Caio de volta para o mar.

MEU FILHO ESTÁ MORTO

A maior dor do mundo

Tentando nomear a maior dor do mundo

"Quando se perde um filho a gente morre."
Cecilia

"Isso é filme, não é possível, isso não é minha vida."
Mariana

A mulher que perde o marido é viúva. A mulher que perde os pais é órfã. A mulher que perde o filho é algo que não cabe em palavra nenhuma.

Como seres de linguagem, toda a nossa compreensão de mundo e de nós mesmos passa pela palavra. Desde muito cedo na vida são as palavras que organizam nossas percepções, trazendo para a concretude vocabular o que antes é um emaranhado de sensações. A fome, o sono, o doce, o azedo, o quente, o frio, o vermelho, o azul, as mãos, os pés, a bola, o passarinho, o bebê, a mamãe. O mundo vai se configurando à medida que vamos nos apropriando da linguagem e, na fase adulta, somos capazes de captar as menores nuances no ar e verbalizá-las sem grandes dificuldades.

Diante da experiência da morte, porém, fica na ponta da língua os dois pontos que anunciam a iminência de uma palavra que nunca chega. Dois pontos e nada. Dois pontos e o vazio. Dois pontos e uma queda. E ainda que nada venha a seguir, os dois pontos permanecem na insistência da nomeação, na expectativa do batismo da maior dor do mundo.

Vivenciar o inominável é voltar à condição alheia da criança recém-nascida, incapaz de concretizar qualquer estímulo que não venha das suas próprias vísceras. O mundo de fora fica no "mudo", o mundo de dentro grita a cada toque. Perder um filho dói.

Ao nomear a maior dor do mundo apelando para analogias e metáforas, não conseguimos amenizar o sofrimento, mas, talvez, consigamos dar à dor alguma aparência que, no esforço de sua concretização, acaba por ganhar um contorno, um corpo, um limite. Se antes se está à deriva em um oceano infinito de sofrimento, com a nomeação é possível avistar as faixas de areia na costa do continente. Ou, como diria Marlise, deixa-se de *ser* a dor e passa-se a *ter* a dor.

Enfim, como se sente a mulher diante da morte de um filho?

Metáforas da dor diante da morte de um filho

Vaso quebrado

Como uma louça chinesa que cai no chão, a existência de uma mulher se desfaz em milhares de pedaços no instante da morte de um filho. É preciso muito tempo, força e paciência para ir juntando os cacos e reconstituir a própria forma. Há cacos que se perdem para sempre, sendo preciso improvisar com novos materiais para fechar toda a superfície dilacerada. Por mais magistral que seja o processo de reconstituição, o resultado sempre será uma espécie de mosaico. Embora as funções da louça possam ser retomadas, os remendos serão visíveis, reconfigurando uma estética nova. Leva-se muito tempo para reconhecer-se diante do espelho, com as cicatrizes da dor desenhando uma complexa cartografia na alma.

Eu morri com ela

Obrigada por todas as mensagens de apoio. Dizer que não há dor maior que essa é pouco. Dizer que é dilacerante é pouco. Eu morri com ela. A Claudia que vocês conheceram não existe mais. Não há força no mundo que seja suficiente para suportar esta dor.

Mensagem de Claudia no Facebook, 31 de maio de 2012.

O fundo do poço

A notícia da morte do filho é uma queda livre. Cai-se num poço profundo e escuro. Cai-se sozinho. No fundo do poço está a realidade concreta e definitiva da morte do filho. Uma mãe precisa cair muitas vezes antes de alcançar a concretude do fim do poço. Cai-se sucessivamente. Cada instante é um arremesso violento capaz de paralisar o corpo tomado pela adrenalina da queda. A notícia da morte e a queda livre. A manhã seguinte e a queda livre. A chegada em casa e a queda livre. O quarto vazio e a queda livre. A notícia da morte e a queda livre. A notícia da morte e a queda livre. A notícia da morte e a queda livre...

A estabilidade do fundo do poço não é desejada e por algum tempo é preferível manter-se em queda. Mas o cansaço – e nunca o conformismo – é o que leva uma mãe a atingir o solo frio da concretização da morte filial. Num primeiro momento, ver-se nesse ambiente repulsivo leva a mãe a quase cruzar o limite da sanidade. O semblante apático de uma mãe enlutada abriga um espírito inquieto e violento, pois confinar-se junto à concretude da morte do filho é desesperador e, por muito tempo, será impossível vislumbrar qualquer possibilidade de retorno à superfície. Antes, será preciso parar de se debater contra as paredes – de novo, mais pelo cansaço do que pelo conformismo –, será preciso que a retina se acostume à escuridão, será preciso familiarizar-se com os limites cruéis desse espaço.

Carne viva

Como um animal que troca de pele, a morte de um filho exige uma reconstituição pessoal. Nunca mais será possível ser quem se era antes de experimentar a despedida definitiva de um filho. Troca-se de pele e nesse processo de desapego das condições do passado é preciso enfrentar um período de dor latente, de carne viva. O tempo regenera a pele, mas nunca recupera a forma anterior. É preciso aceitar uma nova forma para poder sair do estado de carne viva.

Fui enterrada também

"O vazio entrou, tomou conta de todo meu corpo, me sinto oca. Difícil respirar, enterrei meu filho. Fui enterrada também."
Marilia, 28 de dezembro de 2011.

À deriva

A morte de um filho é como acordar no meio de um naufrágio em alto-mar. Os móveis começam a se deslocar, os objetos caem violentamente por todos os lados, desarranjando a ordem anterior. A mãe é atingida, sucessivamente, pelas pancadas atordoantes de tudo aquilo que lhe era querido e familiar. Cada objeto que pertencia ao filho morto atinge uma mãe a ponto de lhe tirar os sentidos. Ela quer evitar o naufrágio, tampar as entradas de água, segurar os cristais antes que eles se estilhacem no chão, mas qualquer movimento é impossível porque ela também está a naufragar junto com o navio.

No instante seguinte a mãe se vê à deriva, em alto-mar. Não há mais navio. Não há chão sob os pés, não há socorro no horizonte, não há nada onde se agarrar. E ainda que ela não sinta força nem desejo para nadar, são seus próprios pulmões que a mantêm na superfície da água. Apesar da falta de esperança, há o ar nos pulmões.

A mãe é, então, arrebatada por ondas gigantescas e impiedosas – *o meu filho morreu*. Submersa, ela é incapaz de saber em qual direção está o fundo do mar e em qual está a superfície, há apenas a certeza de que ela não sobreviverá à tempestade. Porém, a mesma força que a joga para baixo da água parece lhe trazer à tona para superfície apenas para que ela possa ser atingida por uma outra onda – *o meu filho morreu*.

Com o tempo, as ondas começam a ficar mais esparsas. Entre o estouro de uma e outra é possível recuperar o fôlego, limpar o sal dos olhos. Com o tempo, é possível prever a formação da onda ao longe e se preparar para ela. Com o tempo, aprende-se a se deixar levar pela força da água, com a certeza de que a superfície aparecerá do outro lado. Apesar de tudo, há o ar nos pulmões.

Cavalo Selvagem

Ao ser selado pela primeira vez, um cavalo reage violentamente. Ele relincha e dá coices em todas as direções. A ideia da sela é estranha, intolerável, inaceitável e o cavalo fará tudo o que for possível para livrar-se dela. Com o tempo, exausto e sem alternativa, o animal acaba se acalmando. Ao cavalo cansado, só resta andar com a sela. À mãe, cuja alma atinge o esgotamento absoluto, só resta caminhar carregando, a cada passo dado, a pesada morte do filho.

A vida em preto e branco

Depois da experiência da morte de um filho, a vida se torna um filme em preto e branco. Não só as coisas deixam de ter graça, como qualquer graça se torna um ato de violência contra a mãe em sofrimento. Não há disparate maior do que o sol brilhando no dia do velório de um filho. O som de risadas agride os ouvidos. A continuação da novela ou do campeonato de futebol na TV, a sequência de postagens nas redes sociais, o trânsito nas ruas, as demandas diárias da vida doméstica, o dia depois de cada noite, toda cor e todo som relevam a indiferença do mundo diante da perda maior.

A morte de um filho cria uma aura de interrupção, um hiato paradoxal: embora a mãe não queira senti-lo, ela sente a necessidade de protegê-lo de qualquer sensação de continuidade que o mundo insista em oferecer.

O fio de alta tensão

De olhos fechados consigo evitar o mundo ao meu redor. Não quero ver rostos, não quero ter que reagir aos pêsames desajeitados que recebo. Não quero ver os objetos que ficaram, nem ser invadida pela vida que continua. Fecho os olhos. De olhos fechados fico dentro de mim, que é onde quero estar, com as minhas memórias e incertezas. Dentro de mim, porém, encontro um fio de alta tensão, desencapado, ricocheteando violentamente. Dói estar na presença de mim mesma, frente a frente com a dor que é só minha, eletrizante. As faíscas me impulsionam para fora de mim. Abro os olhos e reencontro a realidade triste. Não há porto seguro.

O fim do mundo

A cena é de um filme apocalíptico de ficção científica. Tudo está destruído. As paredes, os móveis, as casas, toda a cidade. Os grandes monumentos do mundo, a Grande Muralha da China, os arranha-céus de Nova Iorque, o Cristo Redentor… tudo está destruído. Os oceanos, secos. As matas, queimadas.

Os animais, mortos. A humanidade, extinguida. O ar, rarefeito. Sentada sob escombros da civilização não há perspectivas.

Oca

A mãe que perde o filho é atravessada por um imenso buraco. Dor, raiva, amor, revolta, saudade, culpa... são todas palavras pequenas e já gastas demais para se nomear um sentimento tão novo e avassalador. Onde antes vibravam essas e outras emoções passa a habitar um imenso e pesado *nada*. A mãe está oca.

A mãe oca não consegue acessar as memórias afetivas que a conectavam com o mundo de fora e as pessoas ao redor. Tudo foi tomado pelo Nada. A mãe oca, ao atender à demanda social do mundo, sente-se como uma atriz: por fora há palavras, risadas e interesses; por dentro não há nada. A mãe está oca.

A mãe oca não consegue suportar as demandas do mundo de fora e volta para dentro de si em busca de autenticidade. Mas dentro de si não há espaço para ficar, não há canto onde se acomodar, não há solo de sustentação. Dentro de si prevalece o nada. A mãe está oca.

A mãe oca não consegue se acomodar nem dentro nem fora de si. Diante do espelho, o Nada. A mãe está oca.

MEU FILHO ESTÁ MORTO

As diferentes experiências de luto

O luto antecipado – velando um filho em vida

Quando questionada sobre a força que a manteve durante os quase três anos de tratamento da filha, Gabriela não tem explicações sobrenaturais nem recorre a adjetivos: ela fez o que era preciso ser feito e ponto final. As internações, as cirurgias, os medicamentos, os exames, as quimioterapias... toda a rotina hospitalar estava estabelecida e, de certa maneira, prender-se ao protocolo era a única maneira de sobreviver à passagem dos dias.

Ninguém é capaz de entregar um filho nas mãos de uma equipe médica sem que haja a esperança como motivação. No espaço de um ano foram cinco procedimentos invasivos, dezesseis sessões de radioterapia com sedação, dezenas de quimioterapias, trinta e quatro dias de internação com isolamento total. Testemunhar a caminhada de um filho por esses caminhos dolorosos só se torna suportável pela promessa da cura no fim da estrada.

Enquanto Gabriela se adaptava às diversas mudanças de percurso que o tratamento de Sofia exigia, sempre confiante na dedicação dos médicos e nas infindas tecnologias que o hospital oferecia, havia um movimento paralelo nos corredores que ela observava em silêncio. As macas que eventualmente passavam cobertas por um lençol branco, a ausência de rostos que já haviam se tornado familiares, a presença de máquinas novas no quarto vizinho, a mudança no semblante daqueles que um dia lhe inspiravam coragem. Pelos mesmos corredores onde circulava a esperança da vida, também transitava a dureza da morte. Antes que este cenário se tornasse demasiado real, Gabriela optava por seguir fazendo o que precisava ser feito. Sem explicações. Sem adjetivos.

A perspectiva concreta da morte de um filho força uma caminhada com flechas no calcanhar, com criptonitas nas mãos. Nada é capaz de enfraquecer mais uma mãe do que o sofrimento de um filho. Porém, nada é capaz de fazer brotar força tão extraordinária como a necessidade de manutenção da vida de um filho fragilizado.

Quando a cura é algo distante demais para se vislumbrar, procura-se apenas esperar pelo hemograma do dia, pela visita do enfermeiro, pela contagem das plaquetas. Silenciar os porquês era o melhor remédio. Deixar de vislumbrar a decepcionante promessa da melhora passou a ser mais seguro.

No decorrer dos meses e das frustrações, toda a energia que restava era canalizada para o bem-estar da filha, ainda que isso significasse apenas uma posição confortável na cama de hospital.

Quando os momentos de mal-estar passaram a ser predominantes nos dias de Sofia, tudo tornou-se insuportável. Os desenhos na parede do hospital e a girafa estampada no maquinário da UTI perderam o seu ludismo. O médico que explicava novas alternativas de tratamento soava como um mensageiro apocalíptico. Os corredores brancos viraram trevas. Era hora de verbalizar o que havia muito já era observado: a morte estava ali e era tão real quanto os objetos sob a mesa do quarto.

A admissão da ideia da morte agora não mais significava o fim da vida, mas também o fim do sofrimento que já passava a marca do tolerável. A morte também oferecia a chance para que Gabriela pudesse finalmente sucumbir ao esgotamento emocional que vinha armazenando dentro de si a duras penas durante aqueles anos. De certa forma, a morte trazia as notícias mais promissoras dos últimos tempos, mas como era doloroso render-se a ela!

Nas horas finais, o batimento cardíaco de Sofia era tão instável quanto os pensamentos de Gabriela: o apego à vida mesclado às providências do enterro, o sofrimento da despedida final fundido ao desejo de que a dor da filha se encerre definitivamente. A equação capaz de subtrair o sofrimento de Sofia deixava um saldo negativo, restava Sofia não indo para casa, Sofia não crescendo, Sofia não se tornando mulher, Sofia sendo Sofia apenas na memória do já vivido.

O luto impedido

O resultado positivo para gravidez encheu a cabeça de Cecilia com expectativas. Embora ela soubesse que era cedo demais para qualquer atitude, a todo instante ela se entregava a deliciosos devaneios: Qual será a decoração do quartinho? De qual cor devo pintar as paredes? Qual será o sexo do bebê? Como chamá-lo se for menino? E se for menina? Com quem ele vai se parecer? Qual será seu signo? Qual será sua personalidade? As expectativas se multiplicavam com maior força e velocidade do que as próprias mitoses celulares dentro do útero.

Quando, três meses depois, Cecilia sofreu um aborto espontâneo a gravidez ainda não era aparente, os móveis do quarto mantinham a disposição original, não havia mudanças perceptíveis na rotina daquela família. Só quem sentiu as dores do processo de curetagem foi Cecilia, que viu ser extraído dela um embrião e todo o universo que germinava junto dele.

Os sonhos cultivados na intimidade se transformaram num luto secreto. A despedida que antecede ao encontro é cruel porque não concede o privilégio da memória, não oferece a possibilidade da homenagem e nem garante a empatia do outro. O filho perdido durante a gestação paira no ar como um desejo não cumprido, como um anúncio solene que encalha nos dois pontos que o anunciam. Dois pontos e nada. Dois pontos e o vazio. Porque não há lembranças externas do vivido, as pessoas não contabilizam o aborto como uma perda real, não se prestam os pêsames para uma mãe que sofre um aborto. Uma mãe que sofre um aborto nem é mesmo considerada uma mãe.

Ainda mergulhada em luto – sofrimento tanto real quanto invisível –, Cecilia viu-se grávida uma segunda vez. Cautelosa, ela permitia que as expectativas crescessem na mesma medida que a barriga. Os nove meses passaram e foram celebrados em plenitude na noite de Natal anterior ao nascimento de Vanessa: debaixo da árvore, a banheira cor-de-rosa e a câmera de última geração que serviria para registrar a nova vida que se aproximava.

O ano era 1979. Do parto há a lembrança do choro, a visão emocionada de Vanessa e suas bochechas fofas e rosadas. Na época a mãe era mantida em posição coadjuvante durante o parto, o protocolo não permitia que ela segurasse o bebê. No quarto, Cecilia era desencorajada pelas enfermeiras a ir ver a filha no berçário. Era preciso repouso, era recomendado descanso. Quando se é tão jovem a situação de vulnerabilidade acaba por inibir qualquer ação; protocolos são recebidos como normas e opiniões exteriores chegam aos ouvidos como uma espécie de condenação. Apesar de sentir que algo estava errado, Cecilia acatava as recomendações, fechava os olhos e fingia dormir.

Fechar os olhos e fingir que dormia foi o que Cecilia fez quando o médico lhe trouxe a notícia, três dias depois, de que Vanessa não tinha resistido às complicações respiratórias que enfrentou. Os olhos apertados tentavam impedir que toda aquela realidade abalasse seu mundo interior, tão cuidadosamente preparado para receber a filha. O choro da família no quarto, a fala do médico dizendo que ela era jovem e poderia ter muitos filhos ainda ecoavam distantes enquanto Cecilia, mais uma vez, despencava nos abismos de sua existência íntima.

"É melhor guardar a memória dela viva", "Se poupe desse sofrimento, não vá ao velório. Para quê?", "Você ainda está se recuperando da cesárea, precisa descansar", "A natureza sabe o que faz, foi melhor assim", "Muito pequeninha, não tem importância", "Você é jovem, logo tem outro"… e Cecilia, de olhos fechados, fingia que dormia enquanto era conduzida pela correnteza do que achavam que era o melhor para ela.

Sentindo a urgência de sofrer aquela perda, Cecilia chegou em casa ansiosa para entrar no quartinho tão carinhosamente preparado por ela durante os últimos meses. Talvez tocando todos aqueles objetos ela conseguiria se despedir da maneira que se fazia necessária. O "adeus" pede por um último beijo, por um abraço dolorido, e a ela não tinha sido dada a chance do toque derradeiro. Abrindo a porta, porém, deparou-se com o quarto vazio. No genuíno desejo de poupar Cecilia dessa dolorosa missão, haviam desmontado o quarto de Vanessa sem deixar resquício de maternidade no ambiente. Nem berço, nem roupinhas, nem a banheira rosa recém-ganhada. Vanessa era como uma ilusão e, assim, o sofrimento por sua perda também acabava por ser deslegitimado.

Antes da alta do hospital, Cecilia achou, junto das roupinhas que voltaram da UTI neonatal, uma pequeniníssima fralda descartável usada. A sujeira sobre o algodão branco confirmava a existência de Vanessa. A lembrança do choro e a imagem das bochechas rosadas eram efêmeras demais, Cecilia precisava do toque, da concretude física para compreender a existência da filha e, assim, ter para onde canalizar a avalanche de sentimentos que ela armazenava dentro de si. Guardou a fraldinha em segredo e, de tempos em tempos, a resgatava para desabafar a saudade do não vivido.

Na terceira gravidez, quando o médico trouxe as notícias de que Júnior sofria de uma síndrome tanto rara quanto grave, ela não tinha mais sonhos ou expectativas para serem cumpridas. Não importavam mais o signo, os traços, a cor das paredes, o tema da decoração, os detalhes do enxoval. Seu único desejo era o de poder amar o filho, não importavam quais fossem os obstáculos que enfrentariam nessa caminhada.

Quando falaram para ela entregar o filho para uma entidade, Cecilia abriu os olhos e negou com indignação. Quando orientaram que ela só poderia ficar quinze minutos na UTI, Cecilia abriu os olhos e exigiu sua permanência pelo tempo total de visita. Quando falaram que ele não sobreviveria as primeiras horas, Cecilia abriu os olhos e disse que não desistiria. Quando falaram que ele jamais aprenderia a mamar, Cecilia abriu os olhos e estimulou seus instintos. Quando falaram que Júnior não teria uma vida longa, Cecilia abriu os olhos e disse que cada minuto era um presente. Quando o estado clínico de Júnior se agravou, quase um ano depois, e a ideia da morte do filho parecia cegar todos os seus sentidos, Cecilia abriu os olhos com a derradeira convicção de que amar também significava libertar. Quando a vida de Júnior se extinguiu e tentaram levá-lo para longe dela, Cecilia abriu os olhos e exigiu que ela pudesse se despedir, demorada e justamente.

No velório, sob os olhares suspeitos dos que desconfiavam de sua sanidade, Cecilia fez questão de colocar um envelope sob o travesseirinho de Júnior, antes que o pequeno caixão fosse fechado. Dentro do envelope ficaram impressas as palavras ainda não ditas, as declarações de amor não suficientemente proferidas, os sentimentos reafirmados e a despedida, enfim, consentida.

O luto que não é meu

"Eu me sentia muito sozinha, mas ele estava muito perto."
Mariana

À medida que os meses foram passando e uma nova rotina se reestabelecendo, Mariana sentiu a necessidade de inserir nesse novo contexto a memória do filho. Como guardiã da existência de Caio, que definitivamente não se limitava à curta vida que teve, mandou fazer quadro e colocou fotos pela casa. O marido passava pelas memórias pregadas na parede sem se deter, mergulhado no luto silencioso ao qual Mariana não tinha acesso.

A necessidade dele de calar deixou Mariana desamparada na sua necessidade de falar. A presença de Caio precisava ganhar novo corpo, fosse em fotos ou palavras, e toda vez que isso lhe era privado era como se Caio se ausentasse um pouco mais. Determinada em preservar a memória de Caio, sentia que esse era um empreendimento solitário.

E assim seguiam em íntimo descompasso: ela com as vísceras expostas, ele com as emoções sufocadas. Quando a sós, o peso duplo do luto parecia-lhes insuportável e por isso foram se cercando de outras presenças amenizadoras.

No primeiro aniversário de Caio após sua partida, Mariana se surpreendeu com um longo texto publicado pelo marido nas redes sociais. Nesse texto, ele relatava a extraordinária experiência de ter se tornado pai do Caio e as sutis lições de humanidade que o filho delegou. Detalhou memórias, verbalizou emoções e reconheceu, com profunda admiração, a força e a resiliência da mulher. A mensagem terminava com a seguinte frase: "Parabéns pelos seus quatro anos vividos no meu coração". A memória de Caio era viva, assim como também vivia a paternidade machucada daquele pai.

Mariana leu o texto com embaraço, não por descobrir que o marido tinha todos aqueles sentimentos guardados dentro dele – porque essa era a expectativa que ela sempre tivera –, mas por ter sido incapaz de reconhecer que seu luto era vivido de forma diferente. Embora se sentisse muito sozinha, percebeu que ele esteve sempre muito próximo.

O luto vivido de uma maneira específica não deslegitima outras formas de sofrer a morte de um filho. Reconhecer e respeitar essas diferenças nem sempre é fácil, mas é essencial para a caminhada conjugal.

MEU FILHO ESTÁ MORTO

Os rituais de despedida

As burocracias da morte

Imagine que você está hospedada em um hotel e o prédio desmorona. Em instantes, você está sob os escombros e não consegue dar um sentido ao recém-acontecido. Nada mais é familiar, os ambientes estão desconfigurados, são sufocantes. A adrenalina da situação anestesia a dor do corpo, mas você sabe que os estragos foram grandes; você vê uma fratura exposta, você sente o sangue quente escorrendo pelo rosto frio. Ainda atordoada, você escuta uma voz te chamando, e com forças que vêm não se sabe de onde você é capaz de se arrastar, de levantar blocos de concretos, de emergir em meio a toneladas de demolição. Quando o que resta de você finalmente encontra a voz cara a cara, ela lhe informa que você precisa passar pela recepção para "estar fazendo" o *check-out*, "estar pagando" a conta do frigobar e "estar levando" suas malas do estabelecimento.

O absurdo dessa situação é mais ou menos semelhante às burocracias que se seguem à morte de um filho.

Embora absurdo, é fato: nos instantes seguintes ao maior impacto da vida de uma pessoa ela ainda precisará tomar decisões igualmente absurdas, tais como providenciar o atestado de óbito, fechar o valor do caixão, escolher a cor das flores, ajeitar a preparação do jazigo, definir a roupa do enterro, selecionar a mensagem e a foto do santinho, encerrar a matrícula da escola. Tudo isso com direito a fila e a descortesia.

Ter alguém que assuma a responsabilidade por essas providências pode ser uma das melhores maneiras de prestar auxílio a uma mãe que acabou de perder o filho. Mas, embora algumas precisem ser poupadas dessas chateações, outras sentem a necessidade de realizá-las pessoalmente.

O velório

Quando Marilia finalmente deixou de reconhecer o filho no corpo frio e sem cores que ela segurava nos braços, determinou que cuidaria do velório de Felipe com o mesmo afinco com que se preparou para seu nascimento. As escolhas fúnebres faziam parte de uma mesma maternidade, cheia de zelo e atenção pelos detalhes. Escolheu a roupa, as flores, a oração. As intermináveis questões de ordem prática iam se apresentando diante de Marilia, alçando-a para o próximo passo, mantendo-a em movimento. Durante esse caminhar titubeante, os primeiros passos daquela vida sem Felipe que se iniciava ali, Marilia não se sentia forte, como alguns poderiam julgar. Marilia não se sentia, era ela também um corpo frio e sem cores, movendo-se ao gosto do era preciso ser feito.

Mariana já pensava que nada podia ser feito diante do fato maior, que era a morte do filho. Ao receber a notícia do falecimento de Caio, a dor latente que lhe invadiu fez esmaecer todos os sentidos. As memórias dos instantes seguintes até o velório se confundem num emaranhado desconexo em que somente a recordação da dor é nítida. Semanas depois do velório, enlutada na casa dos pais, sofreu a experiência de um assalto. Foi feita refém, juntamente com a família, e viu, com indiferença, bandidos saquearem a casa. Nada importava. A dor persistia e não podia ser tirada dela.

A missa de sétimo dia

Ainda no Instituto Médico Legal aonde foi reconhecer o corpo do filho morto aos vinte e cinco anos de idade, Marlise se deparou com uma série de burocracias. Eram assinaturas que precisavam ser registradas, papéis e documentos para serem despachados. O desatino da morte de Caio levava Marlise para uma percepção delirante dos fatos. Em contrapartida, as medidas práticas que se sucederam naquele dia a traziam de volta para a concretude do ocorrido. Por mais absurda que fosse a ideia, depois de horas envolvida nos protocolos de liberação do corpo e dos processos de cremação, a morte de Caio era algo concreto. Sem percorrer tal via dolorosa, seria possível pairar durante muito tempo na alucinação de uma realidade não desejada e, portanto, não consolidada psicologicamente.

As primeiras medidas tomadas eram como um banho de álcool sob a ferida recém-aberta. No final do primeiro dia, ainda que dilacerada, Marlise percebeu que manter-se em movimento era crucial para preservar seu equilíbrio. Além disso, se aquelas eram as últimas coisas práticas que ela poderia realizar pelo filho, então ela as faria da melhor maneira possível.

Foi assim que Marlise se entregou aos preparativos da missa de sétimo dia com perfeccionismo. Selecionou músicas significativas, contratou um coral e um quarteto de cordas, encomendou as flores, confeccionou *banners* com fotos, decorou a igreja. Seu desejo era de que aquela celebração refletisse a beleza da própria vida do filho, diferentemente da primeira oportunidade de despedida no IML, frio e cruel.

Celebrações

Nick era um jovem alegre, autêntico e brincalhão. Como se pensá-lo morto já não fosse absurdo o suficiente, vê-lo no caixão foi uma imagem ininteligível aos olhos de Carla, sua mãe. Os cabelos penteados de uma maneira incomum e os lírios brancos ao redor do seu corpo intensificavam a sensação de que tudo estava errado e fora de lugar. A aversão ao cemitério e aos cheiros das flores acompanhou Carla nos dias que se seguiram ao velório. Com o passar do tempo, sentiu crescer o desejo de fazer nova cerimônia para honrar a vida do filho, sem o tom fúnebre do velório nem a exaustão emocional dos primeiros dias após sua morte.

Seus esforços, daí em diante, voltaram-se para a celebração do Nick. Pensou primeiro nos convidados, familiares e amigos que moram longe e que não tiveram a chance de se despedir. Depois se envolveu com o buffet selecionando somente com as comidas de que o Nick gostava: salgadinhos estilo *fast-food*. Sorvete de menta ou pistache, foram os únicos alimentos cuja cor era verde. Lembrancinhas foram confeccionadas e balões brancos de gás hélio encomendados. O filho ditava, pela via da memória, os detalhes da festa.

No dia do evento a casa se encheu de afetos. Pessoas vieram de longe e trouxeram suas memórias pessoais de Nick. Cada um escreveu recadinhos nos balões, mensagens enviadas aos céus. Uma árvore foi plantada no jardim junto com pequenos objetos simbólicos. Uma prima cantou uma música composta especialmente para ele. Motivados pela ausência de Nick, cada gesto e cada detalhe tornaram-no presente, naquele dia.

Homenagens

"Façam coisas positivas para elevar sua alma", é o que os rabinos aconselhavam Claudia e o marido a fazerem após a morte de Anna Laura. Apegaram-se a essa ideia que de alguma forma amenizava a sensação de impotência que sentiam diante da morte da filha. Afinal, mesmo quando tudo estava perdido definitivamente, ainda era possível fazer alguma coisa por ela.

No anseio pela ação diante do irremediável, buscaram todas as ajudas possíveis e se mantiveram alertas aos sinais do mundo. Ao visitarem um centro de convivência árabe-judaico em Israel, evento que despertava memórias felizes da vida de Anna, passaram por um parquinho acessível.

Daí surgiu a ideia, rapidamente colocada em prática, do projeto Anna Laura Parques Para Todos (ALPAPATO). Parquinhos acessíveis foram desenvolvidos e doados pelo Brasil, promovendo a integração de crianças com ou sem deficiência, mas, principalmente, realizando na esfera do concreto o que já pertencia ao mundo abstrato.

Por meio dos parquinhos, a memória de Anna passou a impactar outras pessoas além daquelas que puderam conviver com ela. Homenagens involuntárias são prestadas diariamente a Anna Laura, cada vez que, nesses espaços lúdicos, uma criança sorri.

MEU FILHO ESTÁ MORTO

Os primeiros dias

*"Comece fazendo o que é necessário, depois o que é possível,
e de repente você estará fazendo o impossível".*
São Francisco de Assis

"Parece que a pessoa vai morrendo aos poucos e definitivamente..."
Carla

A sobrevivência imposta...

A maior dor do mundo não mata. Ela exige vida, quando a morte parece assumir protagonismo. Dá rasteiras e ordena caminhada. Tira o ar e demanda fôlego.

Ao olhar para trás e recapitular as etapas do luto, o percurso parece impossível até mesmo para as mães que já o trilharam. Como se fossem testemunhas de si próprias, reconhecem – não sem estranhamento – a força que, afinal, tiveram.

O absurdo de continuar a vida, ordinária e insensata, não exime a mãe enlutada dessa sobrevivência imposta. O primeiro ano se estabelece como uma maratona em que é preciso reconhecer a vida na ausência do outro. Desde as datas importantes até os simples momentos cotidianos, há a novidade da ausência. São 365 dias de escola, onde tudo o que era de *sempre* passa a ser *pela primeira vez.*

... no velório

Ainda no velório, os abraços das pessoas doíam. Primeiro porque a presença delas confirmava a veracidade daquele momento. Se elas estavam ali era porque, de fato, tudo tinha acontecido. Atender ao velório da própria filha era uma ideia que continuava absurda, mesmo no momento em que era vivida. Ser testemunha de si própria não era o bastante para acreditar. No instante seguinte, a presença das pessoas afirmava as tantas relações que a filha estabelecera durante a vida. Agora, essas pessoas se colocavam diante dela como um fio solto, porque do outro lado a filha não havia mais.

... pela manhã

Tudo é estático. O choro da noite anterior selou as pálpebras que a luz da manhã tenta violar. O sono que parecia nunca vir afinal chegou, como uma anestesia geral. O cérebro interrompe suas sinapses, os músculos afrouxam seus nós. O corpo pesa sobre a cama. A retina tenta ajustar o foco nas superfícies, ajustando-se a claridade. *Estou na minha casa.* A luz finalmente invade o cômodo. *Este é o meu quarto.* O corpo espreguiça involuntariamente. *Amanheceu.* E dessa constatação desdobram-se uma série de outras, memórias em retrocesso, como uma queda de dominós: amanheceu, eu dormia, era noite, eu chorava, o sono não vinha, meu filho morreu. A realidade se reestabelece como um nocaute. Tudo é cinético.

... na hora do almoço

Com o passar dos dias, no movimento de abrir e fechar, a argola de guardanapo com o nome dele ia sendo empurrada para o fundo da gaveta. O lugar vazio que ninguém ousava ocupar resguardava os traços de sua figura, tão presente quanto ausente.

... dentro do carro

De repente ela se viu ali, naquela esquina. Antes destino, agora passagem. Antes juntos, agora sozinha. As memórias despencam sob o instante, alargando o tempo do farol vermelho. A pequena pinta no dedo do filho aparece nítida sob a retina. A mão descansada sob a perna no banco ao lado.

Tchau, mãe! – e o olhar acompanha o filho atravessando a rua, mochila nas costas. A mochila que ele tanto quis, a satisfação que ela sentiu quando pôde atender ao desejo dele. Ele com a mochila nas costas, o calor das suas costas, o cheiro dos seus cabelos, a mão descansada sobre a perna, a pequena pinta impressa no dedo. O farol verde reclama o tempo cronológico. *Tchau, mãe!*

... no Natal

O presente que não está debaixo da árvore. O rosto que não compõe a foto com "todos os netos". O nome que não é chamado para a mesa do jantar. As risadas que ardem no rosto como uma bofetada. Os perfumes, as maquiagens, os saltos, as roupas de festa, disfarces pesados da alma desfigurada pela dor. As mensagens na TV, anunciando a esperança que não existe. O nascimento de Jesus, mas a morte do filho. Feliz Natal! Feliz Natal! Feliz Natal! E nada é feliz...

... passeando no shopping

No provador, a amiga sente-se satisfeita por ter conseguido tirar a mãe de casa pela primeira vez. Passear no shopping, ver vitrines, distrair-se um pouco... Fará bem! A mãe anda pela loja, despropositadamente, enquanto espera. A mãe já está familiarizada com a falta de propósito. Suas mãos acariciam as pilhas de roupas enquanto os neurônios cansados dirigem suas sinapses para a sensação do toque. Involuntariamente, as mãos desdobram uma camisa. O olhar apurado de mãe reconhece na camisa as preferências do filho. O coração sorri com a possibilidade de presentear. Presentear é uma manifestação de amor. No instante seguinte, o abismo e a queda livre: o filho estava morto e ela nunca mais poderia presenteá-lo.

... no supermercado

A despensa vazia reclamava: a vida continua! Apesar de tudo, era preciso comer. E mesmo sem querer ela trocava as roupas, escovava os dentes, penteava os cabelos. Às vezes até batom passava, porque estranhava seu reflexo no espelho. A tristeza envelhecia. Dentro do carro, o trânsito exigia a atenção que ela já duvidava ter. Mas, veja só, ela conseguia. Fazia a baliza no estacionamento. Encontrava o carrinho e recuperava a lista de compras amassada no bolso. À medida que o carrinho enchia, também se abastecia de desbotada esperança: apesar de tudo, a vida continuava. De repente, o achocolatado na prateleira. O achocolatado que ele consumia aos montes. O achocolatado não mais necessário. E a continuação da vida era arrebatada pela finitude.

... no restaurante com as amigas

O tilintar dos talheres. O transitar das pessoas. Os sorrisos nos rostos. Os assuntos de sempre: a dieta não cumprida, as demandas do marido, a promoção na loja, as desavenças familiares, o valor da mensalidade da escola das crianças, o filme no cinema. A mãe se esforçava para ouvir com atenção, mas os assuntos de sempre agora pareciam assuntos de antes. Ela enchia a boca de comida, porque não sabia quais palavras pronunciar naquele contexto, tão familiar quanto novo. A cada garfada as falas da mesa pareciam mais distantes e inaudíveis, até o momento em que ela era capaz de ouvir só o som dos próprios dentes mastigando a comida. Lá, somente três palavras podiam ser articuladas: *meu filho morreu*.

... no aniversário

Mês que vem é o mês dela. Ela iria querer uma festa daquela princesa, eu sei. Mas não vai ter festa. É o mês dela. Não vai ter festa. Não vai ter presente. Se não há como olhar para a frente, resta olhar para trás. Lembrar das oportunidades de festejar que tivemos. Tão poucas. Por quê? É a semana dela. Lembro do dia em que ela nasceu. Eu indo para o hospital com as dores da contração de parto. Agora tudo dói também e me contraio, nas dores da partida. Hoje é dia dela. Não teve festa. Não teve presente. Mas o dia amanheceu. Meu filho foi para a escola. O almoço foi posto na mesa. As notícias foram anunciadas no jornal. A vida continua, afinal. A nossa. Não a dela. Uma borboleta pousa na janela e o dia é dela novamente.

... na sala de espera

A mulher cheia de filhos senta-se na poltrona ao lado e começa a conversa cheia da empatia própria das mães nos consultórios pediátricos. Queixa-se da exaustão, das viroses, dos maus hábitos. De repente a pergunta costumeira, afiada pelas novas circunstâncias, atinge a mãe enlutada como uma navalha: *quantos filhos você tem?* O espaço de um piscar de olhos alarga-se numa eternidade.

... no elevador

A porta se abre e a menina entra com fones de ouvido, sem cumprimentar. O short jeans rasgado, as pulseiras coloridas no pulso, o rabo de cavalo. Quantos anos ela deve ter? Aspecto de moça com traços de criança. Doze, eu acredito. A idade que a minha filha teria. Olho para meus ombros e meço, disfarçadamente, sua altura em relação a minha. Que diferente seria abraçá-la assim, nessas dimensões... Tento escutar o som que sai dos fones procurando decifrar qual música as meninas de doze anos escutam, mas é em vão. As vozes dentro da minha cabeça me confundem em perguntas sobrepostas: em quais lojas compraríamos suas roupas? O que gostaríamos de fazer juntas? A quais programas de TV ela assistiria? Quais ídolos teria? Qual tema seria da sua festa adolescente? Quais disciplinas seriam suas favoritas na escola? Tantos universos prometidos continuam aguardando a nossa chegada, em vão? A porta do elevador se abre e a menina com fones de ouvido sai, sem se despedir.

MEU FILHO ESTÁ MORTO

As sequelas do luto

Quando um filho nasce, tudo muda. A rotina da mulher vira de pernas para o ar e leva-se muito tempo para encontrar novo ponto de equilíbrio. O amor avassalador da maternidade modifica a percepção de mundo, impõe novos valores e estabelece outra relação com o tempo. Antes mesmo do nascimento, o corpo abriga essa profunda metamorfose: a pele dilacera, os contornos revelam novas formas, as químicas se alteram, o coração assume nova frequência.

Também quando um filho morre, tudo muda. Leva-se muito tempo para encontrar novo ponto de equilíbrio e poder se estabelecer uma rotina. A dor avassaladora do luto materno modifica a percepção de mundo, impõe novos valores e estabelece nova relação com o tempo. O corpo manifesta as metamorfoses da alma ferida: a tristeza envelhece as feições, os cabelos perdem a cor, as químicas se alteram, o coração assume nova frequência.

Quando Marilia acordou na manhã após o velório de Felipe, notou um dente quebrado na boca. A mandíbula tensa cerrava os dentes como se pretendesse cruzar as duas arcadas e concretizar o avesso absurdo daquela situação. Momentos depois lá estava Marilia, naquele primeiro dia de luto, sentada na cadeira do dentista, realizando um implante dentário.

No período de um ano, Marlise também quebrou oito dentes. Não eram simples rachaduras, mas tensões capazes de partir dentes ao meio até a raiz. Não só a mandíbula, mas toda a musculatura corporal se contrai na vivência da dor da perda, moendo o esqueleto que envolve. Dores de parto, contrações involuntárias que expulsam o filho para longe de si.

Metáforas parecem se tornar literais: enquanto "as cores da vida se desbotam", também a melanina dos cabelos parece perder seu vigor. A maioria das mães que compõem esse livro viu seus primeiros cabelos brancos depois da morte de seus filhos. Se o entusiasmo pela vida se esvai, também o rosto parece "murchar-se como um balão", revelando novas rugas. A "luz que se apaga" também altera a luminosidade do semblante. As linhas das sobrancelhas, dos olhos e da boca parecem escorrer pelo rosto em direção ao queixo, numa literal desconfiguração de identidade. A coluna se curva porque é tão difícil "permanecer de pé".

Os sintomas do corpo correspondem na esfera do concreto ao que a alma sente no campo das abstrações. Quando Mariana recebeu a notícia da morte do seu filho Caio, sentiu uma súbita e atordoante dor de cabeça. Por uns instantes teve a certeza de estar sofrendo um Acidente Vascular Cerebral, tão clara e localizada era a dor que a atravessava. Ainda hoje, em alguns momentos a memória daquele instante a absorve e ela pode sentir as descargas de adrenalina percorrerem seu corpo.

Perda de peso, insônia, dores musculares, refluxo, problemas de estômago, falta de ar, envelhecimento precoce, cólicas uterinas, dores de cabeça são alguns dos quadros crônicos comuns que o corpo enlutado manifesta.

A experiência da morte que contradiz a expectativa da ordem natural da vida abala muitas outras convicções. A mais fundamental delas é de que o que é supostamente "natural" não está livre de adversidades. Um dia comum, uma tarde de sol, um corpo saudável, a segurança de casa... não impedem a ocorrência de fatalidades. O absurdo pode invadir qualquer estabilidade e implodir dentro de qualquer "porto seguro".

Ganhar a consciência de que tudo pode acontecer a qualquer momento se desdobra em duas mudanças de atitudes comuns entre as mães em luto. Por um lado, os momentos de paz e de alegria são vividos com maior intensidade, ao sabor de nostalgia. Vive-se o presente sabendo que logo ele será passado, pois nada é permanente. Por outro lado, a iminência do perigo fatal pode paralisar a ação, determinar um constante e exaustivo estado de alerta.

Um simples atraso ou uma ligação não atendida, um escorregão ou uma febre leve e a sequência de eventos trágicos invade a mente da mãe ferida. Administrar os impulsos paranoicos a fim de impedir que eles sufoquem a vida daqueles que se ama, principalmente a dos filhos sobreviventes, é tarefa penosa.

Dizer que é excesso de zelo ou de preocupação para uma mãe que já sofreu o trauma da perda de um filho, taxando-a de exagerada ou pessimista, é desvalidar sua história, desconsiderar as dores que – infelizmente – fazem parte da sua nova constituição.

Enquanto Marilia queria correr para o hospital com as filhas diante de qualquer arranhão que lhes acometesse, Gabriela temia realizar qualquer exame e descobrir novamente uma doença grave. Durante dois anos ignorou os seus exames de rotina. Quando teve a coragem de enfrentá-los, viu-se dominada pelo medo de um diagnóstico imprevisto. Até ter os laudos nas mãos, assistiu ao desfile mental e incessante dos piores resultados que poderia receber. É como se cada novo exame, ainda que fosse uma radiografia do pé, a aproximasse da possibilidade de revelação de uma surpresa indesejada.

A consciência da efemeridade de todas as coisas dita nova ordem: torna-se inviável fazer planos a longo prazo, pois sabe-se que num piscar de olhos as circunstâncias podem mudar completamente. Obediente a essa nova ordem, a mãe ferida entrega-se de corpo e alma aos dias de sol, mas sabendo que a qualquer momento o tempo pode virar.

Se nada nunca esteve sob controle e se para morrer basta estar vivo, então cada novo instante de vida carrega em si o peso da morte. Paradoxalmente, a consciência da vulnerabilidade e impotência humanas desvenda os pequenos milagres de cada dia e liberta a alma de suas prepotências ingênuas.

Diante de tal metamorfose, novo filtro entremeia todos os tipos de relação: profissionais, familiares, de amizades ou com desconhecidos. O que realmente importa ganha aura de sagrado, o que é supérfluo torna-se intolerável.

Afinal, se a morte de um filho tira do lugar tudo o que parecia inabalável, no processo de retomada da vida a mãe tem a chance de reorganizar seus espaços interiores, de reconfigurar suas prioridades e de fazer uma faxina nas coisas a que, antes, ela pensava ser obrigada a se submeter. Uma mãe que perdeu um filho não se sente mais obrigada a nada.

Ainda que uma luz se apague para sempre no olhar de uma mãe ferida, de alguma maneira a morte também é uma lição de como viver melhor.

Girassol

MEU FILHO VIVE EM MIM

Os objetos que ficam

A experiência da morte de alguém muito próximo propõe uma imediata reorganização de valores. Ainda que as relações parentais não sejam dinâmicas de posse, ser privado da convivência de um ser amado de maneira definitiva torna-se uma espécie de falência emocional cuja magnitude tende a alterar toda noção de valor predominante até então. No mercado do coração, não há déficit maior do que aquele provocado pela perda de um filho. Sendo ser único e insubstituível, a sensação de precariedade provocada pela impossibilidade do convívio será maior do que qualquer outra dificuldade no campo dos bens materiais, da mesma forma que nenhuma outra riqueza será capaz de reestabelecer o equilíbrio na balança entre perdas e ganhos.

Paradoxalmente, enquanto a maioria dos bens materiais são esvaziados de valor, outros adquirem aura sagrada após a morte de um filho. Um brinquedo quebrado ressoa gargalhadas, a camiseta desbotada guarda as formas do corpo, o lápis apontado espera pelo traço criativo, o brinco pede pelo contorno da orelha, o vidro de perfume anuncia a presença de quem nunca mais chegará. Objetos cotidianos sussurram histórias que somente ouvidos íntimos são capazes de ouvir.

Enquanto uns objetos são atestados da vida de outrora, outros carregam a eterna e dolorosa promessa da vida não cumprida: o berço vazio, os lençóis dobrados, as solas limpas dos sapatos, o vestido do próximo aniversário com a etiqueta no cabide.

Os objetos e a ilusão de permanência que oferecem são como pílulas analgésicas para mães carentes do convívio. Não é preciso dizer para uma mãe que seu filho se foi e de que nada adianta apegar-se aos seus bens materiais. As mães sabem que os filhos são mais do que aquilo que possuíram, e a finitude de suas vidas pesa sobre elas como em ninguém. Ainda assim, os shampoos mantidos no box do banheiro são capazes de restaurar momentaneamente a configuração de uma realidade passada. Na ausência do corpo, um moletom antigo dá o gosto de um abraço. O bicho de pelúcia se torna válvula de escape diante da impossibilidade do toque. Os objetos que ficam tornam-se sutis áreas de contato entre mães e seus filhos falecidos, numa relação tanto ilusória quanto consentida.

O desejo de manter viva a memória do filho torna a criação de talismãs algo de fácil realização. Difícil é não depositar sobre os objetos propriedades afetivas excessivas a ponto de torná-los pesados demais para carregar. A distinção entre o que é sensato guardar e o que é aceitável deixar ir é algo que só cada pessoa saberá dizer no decorrer do tempo. Assim como todo o processo de luto, caminha-se sobre o sutil limite entre a sanidade e a loucura.

Desfazendo o quarto

Entre as idas e vindas do hospital, na absurda inconstância do tratamento de câncer, o quarto de Sofia exalava permanência. Os lápis de cor apontados dentro das latas, a pilha de papéis desenhados sobre a escrivaninha, os pares de sapatilhas no sapateiro, as fantasias nos cabides, as bonecas na estante, os batons dentro da bolsa. No quarto de Sofia tudo estava em seu devido lugar enquanto fora dele tudo parecia perder o eixo. Mais pela sensação de estabilidade do que por qualquer outro motivo, Gabriela não sentia a urgência em desmontar o quarto, nem mesmo pensava se seria necessário um dia fazê-lo.

Mas a vida continua a acontecer e as situações vão ditando novas configurações. Uma visita chega e os lençóis são trocados da cama. O trabalho acumula e torna-se preciso abrir um espaço no armário. Muda-se de apartamento e os papéis de parede ficam para trás, o que antes estava exposto fica guardado dentro da caixa de papelão. Naturalmente, a vida invade os espaços e a passagem do tempo dá trégua apenas para as coisas de fato significativas.

Ao contrário de Gabriela, Marlise acreditava que era preciso tomar providências o quanto antes para desconfigurar os espaços habitados por Caio. Se para ela era tão sofrido ver as coisas do filho pelo quarto, pensava que ainda mais difícil seria para ele ter que abandoná-los. Na tentativa de auxiliar o filho no próprio processo de morte, Marlise logo se desfez das roupas, doou os objetos, pintou as paredes, reformou os móveis. Nesse processo, selecionou e guardou seus talismãs. Vendeu o próprio carro para manter o do filho, prolongando um pouco daquela presença no seu cotidiano. Mais de uma década depois, o vidro de perfume continua na bancada dos cosméticos.

Da mesma forma, Marilia também tomou providências imediatas para que o quarto do seu filho Felipe fosse desmontado antes mesmo do retorno da família para casa. Preocupada com o processo de luto de sua filha de apenas três anos, Marilia não queria que o quarto e as coisas do filho fossem gatilho para mais sofrimento quando o próprio ar que respiravam já estava impregnado de melancolia. Logo após o velório, autorizou que uma amiga arquiteta entrasse em seu apartamento e transformasse o quarto num espaço de brincar. Os objetos foram doados sem grandes transtornos. Depois de testemunhar a consumação dos últimos sinais vitais do filho, Marilia sabia que não havia mais nada a ser perdido. A permanência do corpo sem a vida, assim como a permanência dos objetos sem utilidade, não agravava nem suavizava a realidade maior: Felipe estava morto. Ainda assim, antes de fecharem o caixão no dia do velório, foi até ele e cortou uma mecha de cabelo para o álbum do bebê, cujos espaços em branco seriam numerosos demais.

A mesma sensação de que nada mais importava foi compartilhada por Mariana, que passou por uma experiência de roubo logo após o velório do filho Caio. Mantida como refém junto com sua família na casa dos pais, Mariana assistiu a ladrões saquearem a casa com indiferença. Não havia dano maior que eles pudessem causar depois de ter enterrado o próprio filho.

Voltando para a própria casa, porém, percebeu que estar naquele ambiente exigia uma coragem da qual ela não mais dispunha. Não só o quarto e os objetos pessoais, como tudo na casa tinha sido escolhido de maneira a melhor atender às demandas de Caio. O quarto, os corredores amplos, a piscina... tudo caracterizava a vida com Caio e estar ali sem ele não só deixava de fazer sentido, como agravava o sofrimento. Em pouco tempo, Mariana e família entravam num novo apartamento, mudança guiada pelos amigos e em cujos trâmites ela teve pouca participação. No processo de mudança, todas as roupas e objetos de Caio foram embalados e doados, deixando um objeto significativo para cada pessoa da família. De lembrança para si ficou só o que coube numa única caixa: carga valiosa, mas possível de carregar.

Claudia e Carla, ainda que tenham se despedido de seus filhos dentro das próprias casas, mantiveram-se em suas residências. Com o tempo, as lembranças do dia da morte foram perdendo força diante das lembranças dos dias ali vividos. Na casa de Claudia, a imagem da filha se transformou em obras de arte espalhadas pelas paredes. Na casa de Carla, a árvore de cerejeira brota saudades enquanto enraíza memórias. Os desenhos de Nicholas, encontrados em toda parte, compilaram num livro, cuidadosamente organizado e publicado postumamente.

Se decidir o destino dos objetos que pertenceram ao filho é tarefa difícil, pior ainda é não poder fazê-lo. Quando teve alta do hospital, Cecilia encontrou o quartinho preparado para Vanessa totalmente desmontado. A família, na tentativa de poupá-la de mais sofrimento, acabou por privá-la dos últimos encontros concretos com o universo intocado de sua filha. Encontros esses de que ela necessitava, para assimilar tanto a vida da filha como sua morte prematura.

O desejo da lembrança acessível busca manifestação em diversos planos: dá-se o nome do filho ao novo empreendimento, muda-se a trajetória profissional, grava-se na pele a memória que não se deseja esquecer. São nomes, símbolos e declarações de amor tatuados no corpo e na alma.

MEU FILHO VIVE EM MIM

Encontrando a luz no fim do luto

A impossibilidade da superação

Você precisa superar isso. Virar a página. Esquecer.

Depois de uma experiência triste é na direção do esquecimento que caminhamos. Um coração partido, a decepção dentro de uma amizade, a traição de um colega de trabalho, o segredo revelado dentro da família, o assalto sofrido, a violência testemunhada. Quando a mágoa é pesada demais fica difícil seguir adiante, o caminhar fica pesado. Daí o desejo de se livrar da memória ruim o quanto antes.

Uns querem ver-se livres daquilo que lhes causou dor tão rapidamente que trancafiam a memória em suas profundezas, exprimem-na nos menores compartimentos possíveis, colocam uma pedra sobre o vivido sem se darem conta de que aumentam a carga a ser carregada.

Outros, com impulsos masoquistas, revivem o fato doloroso ocorrido repetidamente por longos períodos. Desgastam a memória até que ela se dissolva no ar, tecido puído cujas tramas não resistem à fricção da ladainha.

Mesmo os mais rancorosos aliviam a carga emocional de alguma forma, deixando o fato ocorrido perder-se na memória, mas registrando apenas o nome da pessoa envolvida na situação no compartimento dos desafetos.

Há ainda os que deixam o esquecimento por conta do tempo. Mantêm-se passivos enquanto os fragmentos do vivido vão sendo deixados pelo caminho até que, um dia, o que resta não é mais uma história coerente e, portanto, a mágoa deixa de fazer sentido.

A experiência da morte de um filho, tão frequentemente reconhecida pela "maior dor do mundo" até por aqueles que nem filhos têm, seria, portanto, a memória mais pesada neste cargueiro que somos nós, psiques e corpos humanos. A dor que arrebata o corpo, que curva a espinha dorsal, que faz dobrar os joelhos ao chão. A dor que muitas vezes torna impossível a missão de colocar-se de pé, que torna os passos pesados, o caminhar arrastado, o olhar turvo e vertiginoso. Livrar-se dessa carga parece ser o único meio de voltar a viver com alguma salubridade. E aí é que a mãe se depara com duas questões que tornam a dor do luto um problema insolúvel: a repulsa ao esquecimento e o tempo como agravante da saudade.

A morte é uma experiência condicionada à vida. Lembrar da vida de alguém significa tomar a consciência de que tal vida findou. Lembrar a morte de alguém é também saber que, um dia, ela viveu. Não há como ignorar um dos fatos, e aceitar que a morte sempre estará agregada às lembranças da vida é uma realidade que as mães engolem a contragosto, porque não admitiriam, sob nenhuma hipótese, abdicar das lembranças do vivido. Até as pessoas mais despreparadas não ousam dizer para uma mãe que perdeu o filho que logo passa, que ela vai esquecer. Dizem, no máximo, que "com o tempo ficam as lembranças boas". De certa forma têm razão, a morte vai cedendo espaço para a vida, com o tempo.

O tempo pode até conciliar as lembranças de vida com as de morte, mas também prolonga a distância entre o vivido e a memória. A mãe é impulsionada pela própria vida a seguir em direção ao futuro, enquanto tudo o que foi vivido permanece estático no passado, cada vez mais distante. Se não há mais o filho no horizonte do que vem, é preciso contentar-se com o que ficou limitado ao passado. É preciso guardar e celebrar cada memória, zelar por elas contra as armadilhas do esquecimento. O tempo, nesse sentido, aumenta a tensão dessa ligação entre a vida que segue e a vida que ficou no passado, como um elástico cada vez mais distendido e que jamais se romperá. Um elástico chamado saudade.

Na experiência da morte de um filho não se deseja virar a página, mas, sim, mantê-las todas abertas, em letras garrafais. Superar significaria "deixar para trás", quando o desejo é justamente o contrário: de trazer todas as memórias, por mais impregnadas de dor que elas possam estar, para o presente e para o futuro. É contra o esquecimento que a mãe é capaz de manter o filho vivo.

A bifurcação na estrada

Diante da impossibilidade da superação, a experiência do luto parental esfumaça a linha que separa a loucura da sanidade. Habita-se, durante um tempo, este limiar em que as perspectivas foram bruscamente alteradas.

A gravidade parece alterar sua direção a cada instante. Puxa os pés para o teto, arremessa o corpo contra as paredes, redobra sua força em direção ao chão. A energia se esgota, o andar torna-se rastejante num momento. Em outros instantes, parecer flutuar sobre as superfícies da vida cotidiana de outrora.

A noção de existência não se ajusta mais às dimensões do corpo físico, mas às emoções que ele carrega. Como uma Alice que caiu na toca do coelho, o corpo parece assumir proporções gigantescas de modo que os ambientes se tornam apertados, desconfortáveis e claustrofóbicos. Em outros instantes a perspectiva surrealista altera-se, o corpo encolhe, torna sua presença imperceptível e insignificante.

Chega o momento em que o corpo impõe seus limites. A persistência de tais condições oscilantes torna-se insuportável. Mais pela exaustão do que por uma possível tomada de consciência ou descoberta de nova fonte de força, o corpo enlutado acaba por pedir trégua. Chega-se à bifurcação do caminho.

De um lado há a manutenção do luto eterno. A estrada triste, mas convidativa por ser coerente com a realidade interna da mãe que sofre a morte do filho. Do outro lado há a possibilidade de ressignificação. A estrada da vida de outrora, com seus encantos aparentemente despropositados.

A grande armadilha diante dessa bifurcação é reconhecer o direito de manter-se triste. Pois sim, a mãe enlutada tem as justificativas postas sobre a mesa, a causa ganha diante do tribunal social: a insanidade da tristeza crônica é um destino razoável para quem perdeu um filho.

Para continuar pela estrada triste basta manter-se em inércia, propulsionada pela dor inicial. Desviar-se desse destino é posicionar-se contra a corrente e, portanto, redobrar os esforços da caminhada.

Cecilia, diante da bifurcação, apegou-se às mãos estendidas na estrada da ressignificação. O amor incondicional e paciente dos pais a lembrava de que, além de mãe, ela também era filha. Seus pais não mereciam perder, junto com os netos, a filha que ela era. Ainda que durante um longo período o retorno à vida cotidiana fosse uma dissimulação pesarosa, foi atendendo às expectativas amorosas dos pais que Cecilia se pôs de pé outra vez. No decorrer da vida, novos vínculos afetivos foram renovando sua vontade de viver: a filha Carolina e, depois, as duas netas. Ainda que Carolina tenha nascido algum tempo após a morte dos irmãos, reconheceu na história deles a trama da sua constituição familiar, entrelaces de um mesmo fio terno que não dependia da coincidência física na linha do tempo. Ao reconhecer os amores e dores da mãe, Carolina legitimou a trajetória da mãe, validando a experiência que muitas vezes parecia ter sido mantida em anonimato.

Quando Felipe morreu, naquela manhã de dezembro, uma sequência de providências se dispôs no horizonte de Marilia. Sua determinação em realizar os ritos finais da breve vida do filho conferiu-lhe uma força descomunal: cada decisão tomada era uma batalha vencida. Findado o enterro, ela enfim respirou e pôde erguer os olhos para além da circunscrição daquela tragédia. Vislumbrou, então, a filha mais velha, que a aguardava na casa dos avós. Marilia se deu conta de que era mãe de dois filhos, um morto e outro vivo, e que daquele momento em diante era a vida da filha que clamava pela sua ação.

Da mesma forma, foi o filho caçula de Claudia que exerceu o papel de alicerce na reconstrução de uma vida pós-traumática. À noite, quando ela deitava a cabeça no travesseiro e, reclusa, dava ouvido aos próprios pensamentos, via-se descer por um espiral de tristeza, cada vez mais profundo e pontual. Entregue a uma espécie de embriaguez melancólica, era abruptamente atravessada por uma lembrança que a despertava, que a fazia abrir os olhos na escuridão da noite, alucinados pela convicção de que ainda era preciso viver. Viver pelo filho no quarto ao lado.

As mãozinhas pequenas da filha de Mariana também enlaçaram a existência da mãe, impedindo-a de ser tragada pela correnteza do luto. Com sua bebê no colo, Mariana lembrava da mãe alegre e enérgica que tinha sido para o Caio e temia que, incapaz de ser o mesmo para a filha, manchasse sua existência com as cores tristes da melancolia. Mariana percebia as feições sérias no rosto da filha com preocupação. Apesar de imersa no luto familiar, a menina cresceu vibrante e alegre. Cada gargalhada infantil trazia uma sensação de alívio para Mariana, além de convidá-la para uma vida feliz novamente.

Carla não tinha crianças pequenas em casa quando Nick morreu. Suas duas jovens filhas compartilhavam a dor do luto pela morte do irmão. A atmosfera triste imperava na casa, alimentada pelas diferentes fontes que eram seus habitantes, mas foi pensando sempre no outro que cada um buscou ressignificar suas próprias dores. Nas tardes silenciosas, com choros abafados pelas portas fechadas, Carla lembrou-se do relato da cunhada, filha sobrevivente de uma tragédia como a que ela vivia. A amiga dizia sentir-se marcada pela experiência da morte do irmão e pela perda simbólica da mãe, que havia se entregado à tristeza sem ressalvas. Embora não soubesse como sobreviver à dor que sentia, Carla não admitia a ideia de deixar as filhas desamparadas. Era preciso recuperar a vida.

Depois dos anos em função do tratamento de Sofia, Gabriela acordou numa segunda-feira sem a contagem das hemoglobinas, sem a dosagem dos remédios, sem a administração da morfina, sem as angústias da espera. Levar o filho mais velho à escola era sua única missão. No supermercado, naquela primeira tarde, percebeu que não sabia mais fazer as compras, não lembrava das preferências do filho sobrevivente. Suas demandas, esquecidas durante o tratamento da irmã, ressurgiam como uma nova bússola, norteando os passos de Gabriela para a vida há tanto tempo em suspenso.

Marlise não tinha outros filhos, nem grandes nem pequenos. Ao se tornar mãe aos dezenove anos de idade, grande parte da sua identidade foi se constituindo sobre os alicerces da maternidade. Durante vinte e três anos – a maioria da sua vida

–, Marlise se definiu como "a mãe do Caio", acima de todas as outras coisas. A morte abrupta do filho único arrebentou a corrente que ancorava sua própria existência à existência dele, lançando-a num estado de deriva. Perdida de si mesma, não havia mãos onde se agarrar nas margens da vida. É assim que Marlise chegou não a uma bifurcação, onde poderia escolher entre duas formas de vida, mas a um precipício diante do qual poderia permanecer eternamente paralisada ou dar um passo adiante e atirar-se dele. Neste fim de linha, foi honrando a vida cessada do filho que Marlise encontrou uma terceira opção, ardilosa, mas possível: construir uma ponte. Para alcançar uma vida futura do outro lado do precipício seria necessário juntar novos materiais, buscar novos recursos que permitissem realizar a travessia e continuar sua caminhada.

Diante da bifurcação na estrada do luto, o amor pavimenta a estrada da ressignificação. O amor pelo filho sobrevivente. O amor da família que ampara e compadece. O amor conjugal que necessita, mais do que nunca, da caminhada de mãos dadas. E ainda que todas as relações existentes faltem ou falhem, resta o amor pelo filho que morreu. Para que sua morte não se transforme num evento duplamente trágico, é necessário não apenas sobreviver, mas viver da melhor maneira possível. Essa é a maior homenagem que se pode prestar àquele a quem a vida foi privada.

Transformações necessárias

Tão difícil como a experiência da morte é viver o que vem depois, os dias torturantes que se seguem onde pequenas portas se fecham, uma a uma, encerrando os rituais cotidianos de afeto que antes imperavam. Desdobramentos do luto, que choram outras mortes além daquela maior: o fim dos abraços, das conversas, dos toques, dos sonhos.

Para ressignificar a vida, é preciso trabalhar com realidades possíveis, e não mais aquelas desejadas. Não há substituto capaz de preencher o vazio deixado pela ausência definitiva de um filho, nem plano milagroso que reestabeleça as configurações da vida de antes. Resignar-se diante da nova ordem é o primeiro passo neste processo de reconstrução da vida.

Passado o susto da queda e a constatação dos estilhaços no chão, resta decidir o que fazer com o que sobrou. Dar nova forma aos cacos resgatados, incorporando novas matérias, é um processo vitalício. A vida, enquanto pulsa, é obra em re-construção.

Preservar a memória do filho que morreu é o último recurso para mantê-lo vivo. O filho revive nas lembranças de quem o ama. E as lembranças amorosas, com o tempo, livram-se do manto negro dos primeiros dias. Chega-se o dia em que as memórias são despertadas diante da imensidão do oceano, das cores do pôr do sol, da leveza de uma borboleta, do calor de um abraço, do alongamento de um sorriso. Quando menos se espera o filho ausente ganha contornos invisíveis, mas quase palpáveis. O corpo saudoso reage eriçando os pelos, marejando os olhos, acelerando o coração. Encontros sutis e avassaladores, vividos na intimidade de quem cultiva o amor, apesar das distâncias.

Quem torna-se capaz de pescar encontros nas sutilezas da vida deixa de tolerar o que não é verdadeiro. As relações são submetidas a novo crivo, o tempo dedicado às coisas são repensados. A dor diante do encerramento da vida do outro intensifica o valor de viver.

Depois de conhecer a intensidade do luto materno, outras dores são remanejadas: expulsa-se o que não faz mais sentido, o que se tornou pequeno demais. Por outro lado, as dores que recebem a insígnia da legitimidade são vividas destemidamente.

Apoios possíveis

Viver a experiência da morte de um filho é uma ideia absurda. A razão não se cansa de questionar a veracidade dos fatos. Testemunha-se o próprio sofrimento com incredulidade. *Isso é um filme, não pode ser a minha vida*, repete a mãe atordoada pelos golpes da fatalidade. A morte de um filho inaugura uma realidade tão absoluta que chega ao paladar com sabor de ficção.

Quando foi atingida pela realidade implacável da morte da filha, Claudia se recordou das vezes em que viu, ao visitar a casa de amigos, fotografias de pessoas falecidas. Se antes essas homenagens pareciam muito bem acomodadas nas estantes, agora elas ressurgiam em sua memória dando visibilidade a tudo o que transbordava das molduras retangulares dos porta-retratos. Claudia sentia a urgência de conversar com esses amigos e lhes perguntar como lhes tinha sido possível continuar a vida tendo a presença de quem se ama resumida a uma fotografia na prateleira.

Há um grau de empatia que somente aqueles que compartilharam da mesma experiência conseguem atingir. A sociedade, de maneira geral, não parece disposta a compactuar com as dores do outro. Diante da realidade exposta pela experiência alheia, as pessoas preferem se manter protegidas pela ilusão de que o mal não lhes atinge. A venda da "vida inabalável" não permite o real encontro com aquele que sofre e é por isso que somente uma mãe que perdeu um filho pode enxergar outra mãe enlutada.

Embora muitos apoios sejam possíveis – terapias, remédios, retiros, leituras e religiões –, este livro tem autoridade para garantir a eficácia de um deles: o luto compartilhado.

A amizade entre Carla, Cecilia, Claudia, Gabriela, Mariana, Marilia e Marlise foi firmada pelo laço negro do luto. Entre elas, sentiram-se livres para falar sobre seus filhos, mesmo quando o mundo ao redor parecia ter superado suas mortes. Entre elas, puderam expor os desejos mais macabros, sem serem julgadas de insanidade. Entre elas, foi permitido chorar enquanto riam e rir enquanto choravam, sem obedecer à imposição social da alegria a todo custo, nem da penitência do luto eterno. Entre elas, as intimidades puderam vir à tona sem o receio de magoar ninguém. Entre elas, houve a liberdade, inclusive, de não dizer nada, quando o silêncio se faz necessário.

Procuram-se, ainda hoje, para desabafar. E escutam, porque sob o efeito catártico da dor alheia reconectam-se com seus próprios sentimentos.

Procuram-se, ainda hoje, para fazer consultas. Saber em que estágio da caminhada do luto a outra se encontra dá uma certa perspectiva à jornada individual que cada uma deve trilhar.

Procuram-se, ainda hoje, para se sentirem menos sozinhas. Imersas numa sociedade em que a morte é tabu, são isoladas pelo estigma da mãe enlutada.

Procuram-se, ainda hoje, para poderem falar de seus filhos mortos sem causar constrangimentos. Compreendem a preciosidade das memórias, bem como a necessidade de mantê-las vivas.

Procuram-se, ainda hoje, para extravasar. Sabem que a saudade vivida na intimidade às vezes transborda sem aviso prévio, e é preciso deixá-la fluir com liberdade.

Procuram-se, ainda hoje, porque sabem que não há prazo de validade para a saudade, nem dia de alta para as dores do luto. Rememorar a vida de um filho, ainda que isso acompanhe a lembrança de sua morte, sempre será um assunto atual, prioritário e urgente.

Procuram-se, ainda hoje, para compartilhar suas conquistas. Sabem que o processo de ressignificação é vitalício, e por isso abastecem os ânimos umas das outras quando o coração parece cheio de coragem.

Procuram-se, ainda hoje, quando se sentem perdidas de si mesmas. Ao estenderem a mão uma para as outras é como se buscassem resgatar a si mesmas.

Procuram-se, também, ainda hoje, para rirem da vida. Puderam constatar, sem culpa nem condenação, que muitos outros assuntos cabem na existência de quem já enterrou um filho. A tristeza de perder um filho, afinal, não torna impertinente a alegria de viver.

MEU FILHO VIVE EM MIM

Etiqueta do luto

Como prejudicar o luto de uma mãe

"A natureza sabe o que faz", diziam as pessoas na tentativa de consolar Cecilia, ainda no hospital, logo depois de receber a notícia da morte de sua filha Vanessa, depois de curtos três dias de vida. "Você é jovem, poderá ter muitos filhos", completavam. Na ocasião da já prenunciada morte de Júnior, aos onze meses de idade, chegavam a dizer "foi melhor assim, ele não era normal!".

Uma mãe em queda livre jamais compreenderá a morte de um filho com naturalidade, com a mesma obviedade com que a natureza nos traz o sol todas as manhãs e o leva embora todas as noites. A morte de um filho é um evento extraordinário, um eclipse raro, apocalíptico e imprevisível.

Ainda que as circunstâncias da sobrevivência possam anunciar uma vida de sofrimento e limitações, ela nunca se apresenta como uma alternativa natural, ainda que redentora. Quando Gabriela autorizou a sedação que culminaria no sono eterno de sua filha Sofia, a morte significava, sim, o fim de uma longa jornada de sofrimento. Mas nessa equação de "vida" menos "sofrimento" igual a "morte", o resultado vem acompanhado de sinal negativo. A morte fica devendo tudo o que poderia ser vivido.

Não, nunca terá sido "melhor assim". Sempre teria sido melhor se não houvesse doença, se não houvesse acidente, se não houvesse fatalidade e, diante desse contexto, não há muito o que possa ser dito para consolar uma mãe recentemente enlutada. Toda "palavra de conforto" será vã, porque a dor da despedida derradeira de uma mãe e um filho extrapola qualquer racionalidade – é inconfortável.

Certa vez, Marilia viu a vizinha de andar escondida dentro do carro na garagem do prédio onde moravam, esperando que Marilia entrasse no elevador para evitar a situação constrangedora de não saber o que dizer. Durante a subida até o apartamento, Marilia contava apenas com a companhia da morte, que parecia andar ao seu lado por toda a parte espantando as pessoas ao seu redor. Mais do que não saber o que se dizer para alguém que foi tocado pela morte, há a preferência de se manter distância das ocasiões que nos lembram da nossa finitude. Marilia muitas vezes se sentia como uma ocasião fúnebre, uma realidade contagiosa sob o olhar constrangido e apavorado das pessoas.

Da mesma forma, Carla sentia os olhares na academia que frequentava nos dias após a morte de Nick. Em cima da esteira e de fones de ouvido, propositadamente, Carla poupava aos outros e a si mesma dos encontros sem graça, da falta do que falar e da intolerância de ouvir. Ainda assim os olhares pesavam, sobre ela como uma barra em que de um lado pendiam os halteres do julgamento e do outro os da piedade. A reprovação por estar na academia durante o luto ou a santificação de uma mulher que resiste à morte do filho culminam na mesma constatação: a mãe enlutada não se encaixa mais na vida que tinha, nem mesmo nos eventos mais cotidianos, como uma ida à academia ou ao supermercado.

Enquanto uns parecem acreditar que depois de um breve tempo a morte de um filho é assunto superado, outros parecem cobrar o luto eterno. Quando uma mãe enlutada ri, alguns enxergam um pecado, outros um sinal de loucura ou até mesmo um atestado de alta. *Mas já está assim, rindo? Mas ainda está assim, chorando?* Não há escapatória para a mãe enlutada.

Na tentativa de poupar o espírito de uma mãe em luto, muitas vezes as pessoas evitam compartilhar seus próprios lutos interiores. Incapaz de acessar esses sentimentos no semblante dissimulado dos que estão à volta, a mãe pode se sentir abandonada no próprio sofrimento, confundida pela aparente – e ilusória – superação dos que a cercam.

O descompasso com o mundo exterior torna-se tão grande que o mundo interior passa a ser um refúgio, por mais caóticas e dolorosas que as emoções íntimas ainda estejam. O luto passa a ser vivido cada vez mais secretamente, longe dos "já?" e dos "ainda?", livre de constrangimentos ou julgamentos. Seja por imposição da sociedade ou por defesa própria, a mãe vai sendo destituída do direito de falar sobre o filho morto publicamente. Para Marlise, não há maior violência que se possa fazer a uma mãe do que a privar de falar sobre seu filho. Não falar sobre o filho é deixar que ele morra sucessivamente.

Deixar uma mãe falar sobre as memórias ou a experiência da morte do seu filho é diferente de questioná-la. Ainda no velório de Anna Laura, pessoas se aproximavam de Claudia com especulações sobre o acidente que ela própria ainda era incapaz de compreender. Se as abordagens de pessoas íntimas já eram descabidas, o que dirá de desconhecidos que anos depois a interrogavam nas redes sociais sobre os detalhes do acidente. Disfarçados por um suposto cuidado, na tentativa de buscarem culpados ou justificativas, as pessoas muitas vezes deixam-se guiar pela mesquinharia da curiosidade.

Evitando os clichês

A palavra "clichê" faz referência às placas de metal gravado que eram usadas na imprensa tipográfica. Os editores dispunham de um limitado número de clichês de maneira que uma mesma imagem era utilizada para ilustrar inúmeros trabalhos impressos, de diferentes naturezas. Da mesma forma, os clichês populares surgem como um carimbo para estampar – categoricamente – a experiência humana. Frases feitas que as pessoas repetem com autoridade, como se tivessem desvendado toda a complexidade do universo: "Deus sabe o que faz", "Cada um recebe a cruz que merece", "É pior para quem fica"...

Clichês não deveriam ser empregados na ocasião da morte. Clichês falam de verdades supostamente absolutas e incontestáveis. Clichês fazem parte da sabedoria popular e são proferidos sem compromisso. Clichês, enfim, não estão à altura de um sentimento tão único e arrebatador como é aquele da mãe que perdeu seu filho.

A morte de um filho requer pompa, exige palavras jamais ditas, anseia por poemas nunca escritos em idioma inexistente. Quando, num velório, alguém diz que "o tempo cura todas as dores", aquele que tinha a intenção de ser solidário se transforma em ofensivo. Primeiro porque a dor recente da morte do filho não oferece espaço para curas nem soluções de qualquer natureza, deseja apenas ser legitimada em sua grandeza irremediável. Em segundo lugar, a fala se torna ofensiva porque é clichê, porque faz referência a um sentimento que é igual ao de toda gente, além de pressupor um entendimento por parte de quem o profere.

Quem é capaz de entender a dor de uma mãe, senão outra mãe que passou pela mesma experiência? Ainda assim, nenhuma mãe foi mãe do mesmo filho. Ninguém viveu a mesma vida, compartilhou os mesmos momentos, conheceu tão intimamente aquele que agora falta. Ninguém está sob a mesma pele e, portanto, clichês não deveriam caber na ocasião da morte.

Como ajudar uma mãe enlutada

"Eu não sei nem o que dizer", muitos falam nos velórios, e talvez essa seja a melhor maneira de manifestar empatia a uma mãe que acabou de perder o filho. Mais do que as palavras, o silêncio comporta melhor a magnitude de um evento como esse. Isso não significa, porém, que, não havendo o que possa ser dito, nada possa ser feito. "Se você, diante de uma mãe que perdeu um filho, não sabe o que falar, não fale nada. Traga um copo d'água", diz Cecilia.

Pequenos gestos tornam-se inesquecíveis. Pegar um copo d'agua, por exemplo, é uma maneira de se fazer presente, de mostrar apoio e cuidado. As primeiras horas e dias que sucedem à morte de um filho são de tal maneira atordoantes que à mãe escapa a noção do dia e da noite, das horas e do próprio relógio biológico. A vivência deixa de ser cronológica, vive-se verticalmente nos abismos do sofrimento. Esquece-se de comer, de beber água, de ir ao banheiro, de dormir, de tomar banho.

Carla não sabia que estava com sede até que um amigo lhe trouxe uma garrafa de água durante o velório de Nick. Além do simbolismo desse gesto, havia a necessidade concreta, porém ignorada, de se manter hidratada.

Cecilia foi alimentada como uma criança pelos pais nos dias que sucederam à morte de Júnior. Ainda que não houvesse apetite, os pratos de sopa que a mãe trazia alimentavam o corpo fraco e nutriam a alma de afeto.

Durante os primeiros meses que sucederam à morte de Felipe, a mãe de Marilia fazia compras de supermercado e deixava no apartamento da filha. Escolhia algumas frutas, adicionava alguns itens que toda mulher sabe serem essenciais para o funcionamento de uma casa. Ela não perguntava se era preciso, se Marilia queria ajuda. Uma mãe que perdeu um filho não quer nada além do filho de volta. A ajuda vinha gratuitamente: "Fiz um bolo lá em casa hoje e trouxe um pedaço para você".

Manter uma casa funcionando, principalmente se a mãe tem outros filhos, pode tornar-se uma função extraordinariamente desgastante. Buscar uma criança para um passeio, uma tarde longe de casa, pode ser tudo o que uma mãe precisa para poder sofrer o seu luto com liberdade.

MEU FILHO VIVE EM MIM

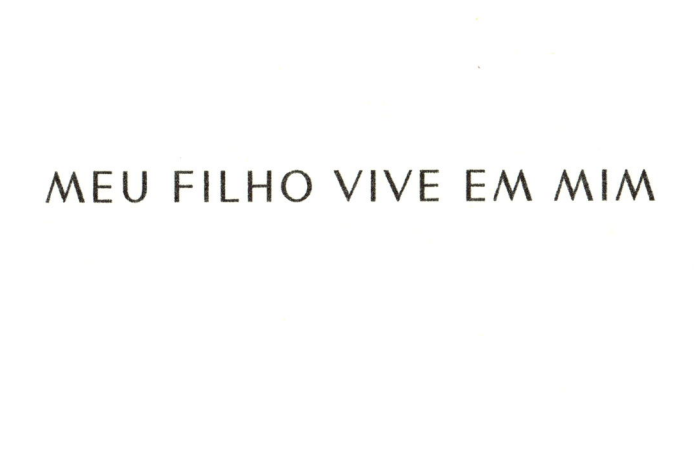

Preservando a memória

"Não morre quem se ausenta. Morre quem é esquecido."
– Mia Couto

O mundo de dentro e o mundo de fora

O luto, esse conjunto de emoções dolorosas decorrentes da morte de um ser amado, é vivido em duas dimensões: uma de dentro e outra de fora. A dimensão de dentro é aquela que só a própria pessoa, ser senciente, é capaz de acessar. A dimensão de fora é a parte explícita e aparente, que dialoga com o mundo exterior.

Nos primeiros dias de luto essas dimensões estão fundidas. As emoções novas se proliferam como numa reação química incontrolável e não cabem dentro de corpo, precisam sair. A dor se liquefaz em lágrima, eclode pela boca em grito desesperado. A mãe enlutada fica exposta, um desconcertante espetáculo íntimo acessível a quem quiser ver.

Da mesma forma, nos primeiros dias a esfera íntima da mãe é invadida pelo universo exterior. Cada objeto do ser amado que se encontra pela casa lateja em suas entranhas. Até mesmo os raios de sol parecem ferir a carne, porque desrespeitam a escuridão emocional em que ela se encontra.

Com o passar do tempo, seja por necessidade ou por reconhecimento, essas duas dimensões vão ganhando contornos mais definidos: o que é dentro fica dentro, o que é de fora fica fora.

A necessidade impõe essas marcações de território. Para buscar o atestado de óbito de Felipe, Marilia precisou levar sua filha mais velha junto. Inventou um passeio, disfarçou com um sorvete na praça, próximo ao cartório. A dimensão aparente poupava a filha, tão pequena, daquela experiência fúnebre. Por dentro, Marilia despencava em seus abismos mais profundos.

As delimitações territoriais do luto também se dão por reconhecimento. Depois de um tempo, aquilo que parecia ser uma fonte inesgotável de novas sensações se cessa. As dores do luto, por insistência, passam a ser reconhecidas, deixam de ser novidade. Acalmam-se, acomodam-se nos espaços internos, ainda que sejam presença indesejada. Torna-se possível carregar o luto sem perturbar as superfícies aparentes do corpo.

Após a morte de Caio, os encontros com familiares e amigos continuavam acontecendo regularmente. Mariana observava os mesmos movimentos de sempre se repetindo. Por instantes ela se sentia a milhas de distância dali e se perguntava como tudo podia continuar acontecendo da mesma maneira depois da morte do seu filho. Momentos depois, deparava-se com o próprio reflexo no espelho e se dava conta de que ela também era elemento naquela configuração festiva. E assim a vida seguia, cindida entre duas dimensões.

Seja por costume ou por necessidade, o luto vai ganhando contornos cada vez mais íntimos. O mundo não parece estar disposto a lidar com a dor alheia, ao mesmo tempo que cobra por ela. "Mas você ainda está assim?", quando a mãe deixa aflorar suas tristezas. "Mas você já está assim?", quando a mãe fortalece sua dimensão exterior para continuar seguindo a vida. Tantas vezes incompreendida, a pessoa enlutada começa a sentir a necessidade de defender o próprio luto, de resguardar as emoções que tanto quis expulsar de sua existência: *com a minha dor, ninguém se mete.*

Constrói-se, então, uma espécie de altar íntimo, território sagrado onde as memórias podem ser cultivadas e as emoções vibram tanto sem julgamento como em anonimato. Fechar-se em si sempre será uma maneira de reconectar-se com o luto.

Se no início essa ideia soa como uma tortura, com o passar do tempo ela pode tornar-se convidativa. Quando não há outras maneiras de estar com o filho, entregar-se ao luto torna-se uma estranha possibilidade de relação amorosa.

Não por acaso, momentos de introspecção parecem conduzir a mãe, involuntariamente, ao território sagrado do luto. Uma igreja vazia, o caminhar na praia, o banho quente de chuveiro, a meditação... e de repente se está na companhia do filho, chanfrada pela saudade. Da mesma forma, experiências estéticas abrem os caminhos que levam até o altar íntimo do luto. Um pôr do sol, o colorido de uma flor, a melodia de uma música, a cena de um filme... ainda que nada esteja diretamente associado à memória do filho, sensibilizar-se é, também, uma via de conectar-se ao filho que se foi. E assim vão se construindo novas e sutis memórias na presença-ausência do filho.

É preciso ressignificar, sempre. Ressignificar a dor, ressignificar a ausência, ressignificar o conceito de presença. Sofrer a ausência do filho é uma maneira de acariciar seus contornos em encontros agridoces. Viver a saudade, bela e dolorosa, estabelece-se como novo cordão umbilical entre mãe e filho.

Depois de três décadas ressignificando a morte de seus filhos, Cecilia ainda passa por momentos em que revive as dores latentes do luto inicial. Mas ao contrário do início dessa caminhada, em que a ideia de viver sem o filho era rechaçada a todo custo, agora ela sabe que não adianta espernear. Sabe, também, que ela é capaz de sobreviver a essas ondas de tristeza profunda. Inclusive, não considera mais a tristeza uma visita indesejada, porque sabe que a ardência da saudade traz os filhos para perto, quase ao alcance das sensações concretas. Então, quando o luto latente bate à sua porta, ela o deixa entrar. Recebe em sua casa íntima com cordialidade, serve-lhe café e escuta seus discursos sem interromper, ainda que ela já os saiba de cor. Depois, ela acompanha o luto até a porta e despede-se dele. *Até logo!*

Grande parte da experiência de uma mãe em relação à morte do filho será vivida dentro das paredes da sua dimensão íntima. Do lado de fora, o sorriso e a luz. Do lado de dentro, o choro e a noite. Engana-se quem pensa que esse é um aprendizado de dissimulação, um viver falso e bipolar. Com o tempo, percebe-se que dentro das dimensões de uma única existência cabem sentimentos antagônicos.

É possível alegrar-se num evento social sem que isso signifique a superação da morte do filho. É possível chorar em público e ao mesmo tempo sentir-se invadir por uma profunda sensação de alegria. Tudo encontra seu espaço na dinâmica da vida ressignificada após a morte de um filho.

De certa maneira, a morte acompanha a vida da mãe num verdadeiro "para sempre". Por outro lado, a vida se impõe, apesar da experiência da morte.

Dias de luto. Dias de luz.

A lua e o girassol

O girassol acordava todos os dias com a cabeça pesada, pendendo do caule. As folhas murchas voltadas para o solo desejavam juntar-se a ele, retornar à condição de seiva e fertilizar as entranhas da terra.

Com a aurora, o caule eriçava sua penugem e alongava-se em direção ao céu. O girassol, inconformado, ainda pendia para o solo, as folhas clamando pelo reencontro. Rapidamente os raios de sol preenchiam o espaço que o girassol sabia ser escuro, testemunha que era da noite.

Por insistência da luz que retornava todas as manhãs, o girassol acabava cedendo – deixava a vida subir-lhe à cabeça. Pelo caule, finalmente enrijecido até a extremidade, fluíam os nutrientes da terra, potencializados pela luz solar. As folhas, de amarelo revigorado, dispunham-se em círculo, firmes e belas como uma coroa de ouro. No centro, centenas de pequenas flores marrons eclodiam, pujantes e alegres. O girassol erguia-se esplendoroso, seu amarelo entrelaçado com o amarelo da estrela maior, num abraço capaz de circunscrever todo o universo.

Era impossível passar pelo girassol sem notá-lo. As abelhas vinham buscar nele o alimento. Também os beija-flores e as borboletas. Quem o visse, assim, numa composição colorida, jamais acreditaria que horas antes o girassol quisesse ser terra. Quem estava sempre por perto, porém, sabia dos tons terrosos que o girassol assumia às noites, mas confiava em seu renascimento diário.

Alheio às opiniões de quem o via, o girassol seguia de cabeça erguida, flor mais alta do jardim. Sua conexão não era mais com as coisas terrenas, mas com o astro celeste. Entre as distâncias cósmicas, o pleno pulsar da vida. Girassol se alimentava da luz até virar holofote.

Com o cair da tarde, as tramas amareladas começavam a se afrouxar. Enquanto o sol recolhia seus raios, o girassol recolhia suas folhas. A separação consentida se dava suavemente, porque sabia-se temporária. O jorro da terra perdia força, o caule esvaziado enrugava e envergava. O girassol voltava a olhar para a terra, suas folhas despencando exaustas em direção ao chão.

Enfim a lua vinha saudar o girassol, com sua luz imprópria sem fazer-lhe exigência. Aceitava seu silêncio, seu olhar desviado. Ela também era volúvel como o girassol: às vezes cheia, às vezes minguante. Ambos se reconheciam em suas inconstâncias. *Deixe estar*, dizia a lua. *A noite também lhe cai bem.* Compreendido pela lua, o girassol redobrava o desejo de voltar ao território onde a vida ainda é potência, onde o broto ainda é semente. O solo guarda a promessa eterna da vida.

Como uma criança que segura o choro até ter a mãe em vista para cair no pranto, o girassol, ao beijo da lua, murchava, a gravidade aumentada até mais parecer uma planta rasteira. Mal dava para acreditar que no dia seguinte ele voltaria a ser holofote, ainda que às vezes isso custasse tempo, demandasse raio de sol à pino.

Mas a aurora voltava, a penugem do caule se eriçava e o girassol acabava caindo nos braços mornos da manhã. O vigor do dia e a resignação da noite alternavam-se como um pulmão, expandindo e murchando, enchendo e esvaziando... movimentos opostos, mas igualmente vitais.

Durante os dias, mesmo nos instantes de mais intensa luz, o girassol sabia que a lua orbitava secretamente perto dali. Sabia que seu retorno era tão certo quanto o amanhecer de cada dia, embora nem sempre pontual. Durante as noites, o girassol entregava-se sem medo aos seus desejos de terra porque conhecia bem os passos da dança. Um giro para a escuridão. Um giro para a luz.

MEU FILHO VIVE EM MIM

Posfácio

Conheci as mães em luz no dia 08 de março de 2018, dia das mulheres. Sempre atenta às mensagens do mundo, sabia que o dia não era mera obra do acaso. De fato, não demorou muito para que eu me desse conta de que o projeto do livro seria, também, uma descoberta da força e sabedoria femininas.

Antes de começar o ciclo de entrevistas individuais me preparei como quem vai para uma batalha. Estudei os roteiros a finco, li o que estava ao meu alcance para conhecer os territórios do luto, vesti armadura para proteger meu espírito materno. Confesso que tive medo das razões pelas quais o universo me trazia para perto dessas sete mulheres; eu, que tenho meus dois únicos filhos vivos.

Na ocasião da primeira entrevista realizada, Cecilia me recebeu em sua casa. Guiou-me até seu quarto, fechou a porta, tirou os sapatos, deitou-se sobre a cama. Nada poderia ser mais simbólico: Cecilia abria seu coração, permitia a minha entrada nos espaços secretos onde, décadas após a morte de seus três filhos, pouquíssimas pessoas têm acesso. Minhas estratégias de abordagem permaneceram fechadas dentro do meu caderno de anotações, a armadura largada no chão.

Percebi o que já supunha desde o início: para escrever sobre essas experiências eu precisaria imergir em cada narrativa, absorver cada sentimento. Só assim, embebida dessas sete histórias, os meus dedos sob o teclado poderiam ejetar algo de verdadeiro.

E assim se sucederam as outras seis entrevistas, em sofás e mesas de almoço de casas sempre vazias. Tive a honra de acessar universos íntimos e preciosos, cheios de dor, mas governados por um único soberano: o amor. A experiência do luto não dá margem para aparências, para dissimulações, para interesses que divirjam da ética humana. Que privilégio foi poder compartilhar disso!

É possível que, ao ler essas páginas, você também queira atribuir a essas mães o título que elas tanto desaprovam, o de "santas". A força descomunal diante da perda de um filho tende a elevar suas vidas a qualquer dimensão do sobrenatural. Meu desejo, porém, é de que o ato heroico da ressignificação da vida ao lado do luto materno tenha sido captado em sua essência humana, dolorida e limitada, cheia de tropeços, de falhas, mas ao mesmo tempo possível.

Ao narrarem suas histórias, Carla, Cecilia, Claudia, Gabriela, Mariana, Marilia e Marlise puderam testemunhar, não sem espanto, a força que tiveram. Lendo a si mesmas, com o deslocamento permitido pela voz do outro, afirmam serem capazes de passar pelo que de fato passaram. A ideia do luto materno se mantém sempre absurda e sua travessia não contempla linha de chegada.

De certa forma, é como se cada uma se dividisse em duas versões de si mesma. A versão que avançou na jornada estende a mão para aquela que permanece passos atrás e lhe diz: vai ficar tudo bem. Se uma contempla a luz, a outra sempre relembra da escuridão. Nessa gangorra, a vida prossegue, não menos difícil, não menos bela. Sempre lua, sempre girassol.

Mães em Luto – Mães em Luz

Até a notícia da morte do filho de Carla, anunciada no grupo privado de *Facebook*, Marilia não conhecia ninguém que, assim como ela, tivesse passado pela experiência da morte prematura de um filho. Não que ela não soubesse que essas tragédias acontecessem, depois de quase uma década trabalhando como fisioterapeuta respiratória na UTI de um hospital.

Felipe havia morrido de morte súbita aos seis meses de idade fazia menos de cem dias e Marilia, incomodada pelo tabu que impedia a vivência plena do luto pelo filho, sentia a necessidade de conversar abertamente com alguém que pudesse entendê-la sem julgamentos nem pudores. Resolveu, então, escrever uma carta para Carla, ainda que não se conhecessem pessoalmente. No papel, afirmou não saber quanto tempo seria possível sobreviver à morte de um filho, mas que pelo menos quatro meses era garantido, pois ela mesma era prova disso.

Dentre as várias mensagens de apoio que Carla recebeu, a de Marilia trazia uma sinceridade tocante: ela não trazia crenças religiosas num momento em que sua fé estava profundamente abalada, nem prometia dias melhores quando as lágrimas pareciam ser o único meio de expressar o amor pelo filho que se foi. As palavras de Marilia não eram promissoras, garantiam apenas a sobrevivência e chegaram até Carla como a presença de um amigo que se senta calado ao seu lado quando tudo está perdido.

Dessa carta nasceu uma amizade virtual marcada pela afinidade na dor do luto materno.

Um mês depois mais uma notícia de morte é compartilhada no mesmo grupo de *Facebook*, dessa vez da filha de Claudia. Marilia e Carla procuraram Claudia imediatamente e as trocas se tornaram cada vez mais intensas e frequentes. Ainda que nenhuma delas tivesse a resposta para os questionamentos, a cura das angústias, nem o manual da vida após a morte filial, reconhecer-se na dor do outro era uma maneira de estar menos só na caminhada do luto.

Marlise e Cecilia, mães em luto que já perduravam anos e décadas, respectivamente, também manifestaram sua solidariedade. Marlise queria poder dizer que com o tempo elas deixariam de *ser* a dor e passariam a *ter* a dor, um distanciamento sutil, mas transformador. Cecilia via no sofrimento daquelas mulheres a lembrança das dores vividas por ela e sentia vontade de assegurar que dias melhores viriam, embora paradoxalmente soubesse que palavra nenhum traria conforto naquele momento da perda recente.

Como as conversas sobre a morte ganhavam cada vez mais espaço, Claudia teve a iniciativa de criar um grupo separado para as "mães em luto", título que acabou nomeando o grupo criado no dia 28 de agosto de 2012 com a seguinte mensagem:

> *Gente, pensei hoje em criar este grupo, mas nem sei bem pq. Talvez um espaço para compartilharmos nossas vivências e tal. Quem não quiser ficar, fique à vontade para sair! Acho chato quando me incluem em grupos que não quero, então vou entender. Vamos ver se funciona… Beijos a todas vcs.*

Ainda que despretensiosamente, o grupo acabou se tornando o porto seguro dessas e outras mulheres. Mesmo que uma mãe receba apoio familiar e de amigos, há coisas que só são possíveis de serem entendidas por outras mães na mesma situação. O desejo de que a vida termine, por exemplo, é algo que pode magoar profundamente um filho sobrevivente, ou preocupar um familiar como uma ameaça concreta. Uma mãe enlutada, porém, entende o ímpeto de se reunir com o filho que morreu, de aproximar-se dele pela condição da morte.

Assim, essas mulheres buscaram na dor da outra a permissão para sofrer o próprio luto.

Na mesma época em que o "Mães em luto" era criado, Mariana despedia-se do seu filho Caio. A ideia de participar do grupo parecia sufocante naquele momento em que ela já estava asfixiada pela própria dor. De fato, a reunião de mulheres que falam sobre a morte dos filhos evoca a ideia de um espaço sombrio e doloroso. A irmã da Mariana, então, pediu permissão para participar das discussões e reportava para ela que o clima virtual também admitia risadas e que o tom que prevalecia entre as narrativas era o de otimismo. Mariana enfim se junta ao grupo e no ano seguinte Gabriela é acolhida por essas mulheres, depois da morte de sua filha Sofia.

Ainda hoje, quando se reúnem, há, sim, momentos de lágrimas, mas também muitas risadas. Talvez essa tenha sido a grande lição que a caminhada delas lhes trouxe: a dor da morte do filho, com o tempo, torna-se compatível com a alegria de viver.

©2021, Pri Primavera Editorial Ltda.

©2021, Marina Miranda Fiuza

Equipe editorial: Lourdes Magalhães, Larissa Caldin e Manu Dourado
Revisão: Fernanda Guerriero Antunes
Capa: Nine Editorial
Projeto gráfico: Nine Editorial

Dados Internacionaisde Catalogação na Publicação (CIP)
Angelica Ilacqua CRB-8/7057

A lua e o girassol : um dia mães em luto, outro dia mães em luz / Carla Scheidt Lund...[et al] ; pelas palavras de Marina Miranda Fiuza. -- São Paulo : Primavera Editorial, 2021.
144 p.
ISBN 978-65-86119-31-2

1. Filhos - Morte 2. Mães - Narrativas pessoais 2. Mães - Luta I. Lund, Carla Scheidt II. Fiuza, Marina Miranda

21-1133   CDD 393.9

Índices para catálogo sistemático:

1. Filhos - Morte - Luto

PRIMAVERA
EDITORIAL

Av. Queiroz Filho, 1560 - Torre Gaivota - Sala 109
05319-000 – São Paulo – SP
Telefone: (55 11) 3031-5957
www.primaveraeditorial.com
contato@primaveraeditorial.com